Linde von Keyserlingk

Geschichten über Freundschaft

Linde von Keyserlingk

Geschichten über Freundschaft

Herder Freiburg · Basel · Wien

Dieses Buch erscheint in der Reihe
„Geschichten für die Kinderseele".

Für Georg, meinen ältesten Bruder
und Freund (gest. 7. 11. 2000), von dem
ich so wichtige Dinge wie reiten,
Ski fahren und nachdenken gelernt habe.

Gedruckt auf umweltfreundlichem,
chlorfrei gebleichtem Papier

Einbandillustration: Pablo Picasso
© VG Bild-Kunst, Bonn 2000

Alle Rechte vorbehalten – Printed in Germany
© Verlag Herder Freiburg im Breisgau 2001
Satz: DTP-Studio Helmut Quilitz, Denzlingen
Druck und Bindung: Freiburger Graphische Betriebe 2001
ISBN 3-451-27499-X

Inhalt

Tierfreundschaften

Freundschaft unter jüngeren Kindern

Wie Erwachsene Freundschaft erleben

Freundschaft zwischen Kindern und Erwachsenen

Märchenhaftes

„Verlässt du mich nicht, so verlass ich dich auch nicht."
Da sprach Fundevogel: „Nun und nimmermehr."

Brüder Grimm

Freundschaft und Freundlichkeit –
ein Vorwort

Geschichten von Freundschaft gibt es seit Menschengedenken. Für die Treue zu einem Freund und seine Rettung haben Menschen ihre Werte und Wünsche geopfert, ja sogar ihr Leben. Es gibt nichts Bewegenderes als die Geschichte einer Freundschaft und nichts Traurigeres als ihren Verrat. Freundschaft scheint ein universell menschliches Bedürfnis zu sein.

Die Persönlichkeit und das Sozialverhalten entfalten sich in Beziehung zu anderen, denn der Mensch ist ein Gruppenwesen.

Auch Freundlichkeit wird über Freundschaft gelernt. Nur wenn ein Kind früh eine befriedigende Bindung an vertraute Personen gehabt hat, ist es später auch bereit, sich altruistisch zu verhalten. Das leuchtet ein. Denn wer nichts hat, kann auch nichts geben. Das eröffnet in einer Zeit, in der Einzelkinder die Regel werden, ganz neue Perspektiven für das Verständnis von Kinderfreundschaften und den Wert von Krabbelstuben und Kindergärten.

Eine Mutter allein genügt nicht.

In der zweiten Hälfte des ersten Lebensjahres, wenn das Kind seine Mutter als Objekt erkennen kann, richtet sich sein Bindungsverhalten hauptsächlich auf sie. Aber schon bald danach dehnt es sich auch auf andere Personen aus. Für das Entstehen von Bindungsverhalten gibt es verschiedene Erklärungsmöglichkeiten. Ist es ein angelerntes Verhalten oder ein arteigenes Verhaltens-

9

merkmal des Menschen? Es ist dem Menschen eigen, dass er lacht, spricht, manipuliert, forschend mit Dingen umgeht und Kontakte zu anderen sucht. Aus diesen Möglichkeiten heraus entsteht sein Bindungsverhalten. Es ist als Basisstreben schon vorhanden, noch bevor Lernprozesse eine Rolle spielen und bleibt ein Leben lang in Variationen erhalten. Dabei spielt das Bedürfnis nach Versorgtwerden ein Rolle. Eine größere Rolle spielt aber das Bedürfnis nach Anregung, Lebendigkeit und Gemochtwerden. Freundschaft eben. Schon kleine Kinder suchen sich oft ganz bestimmte Personen aus, zu denen sie ein bedeutsames Bindungsverhältnis haben.

Bowlby hielt die biologische Mutter bis zum sechsten Lebensjahr für das zentrale Bindungsobjekt. Andere Menschen, so meinte er, spielten bis dahin kaum eine Rolle. Erst dann löse sich das Kind aus der Mutter-Kind-Dyade (Zwei-Einheit) und wende sich anderen Erwachsenen zu. Dass eine gute oder fehlende Bindung eine wesentliche Rolle in der psychischen Entwicklung des Menschen spielt, ist allgemein bekannt (Bowlby, Spitz, Piaget, Rutter, Bühler). Rutter hielt aber nicht nur die biologische Mutter, sondern jede verlässliche erwachsene Person als Bindungsobjekt für geeignet, manchmal sogar für geeigneter als die leibliche Mutter. Auch er hielt aber an der sogenannten Differenzierungstheorie fest, der zufolge das Kind sich erst nach dem sechsten Lebensjahr anderen richtig zuwenden könne und engen Kontakt zu ihnen suche.

Andere Autoren (z. B. Mönks und Knoers) gehen aber davon aus, dass sich das Kind schon nach dem ersten Lebensjahr sowohl an andere Erwachsene, als auch an andere Kinder bindet. Es sucht bei ihnen auch Nähe, Körperkontakt und Anregung und besitzt die Fähigkeit, in zunehmendem Maße seine Gefühle zu äußern. Es zeigt Geltungsbedürfnis und den Wunsch nach Bestätigung. Obwohl die Mutter immer noch die Hauptrolle spielt, ist die Beschäftigung des Vaters mit dem Kind von ausschlaggebender Bedeutung für sein späteres Verhalten. Und vor allem seine Bindungsmöglichkeit an Geschwister und Altersgenossen wurde bisher in ihrer Wichtigkeit unterschätzt. Man nennt dies die Parallelbindungstheorie. Die Beziehungswerte, die zwischen Kindern zum Ausdruck kommen, sind anders als die, die zwischen Kindern und Erwachsenen entstehen. Kinder können eifrig miteinander spielen und sich dann plötzlich streiten und heulen, um sich wenig später schon wieder zu vertragen und ein neues Spiel zu beginnen. So lernen sie auf gleicher Ebene, wie sich das eigene Verhalten im andern spiegelt und welche Konsequenzen es hat. Sie lernen sich als handelnde Person kennen und lernen auch, sich in die anderen hineinzuversetzen. Wie geht es dem anderen, wenn ich mich so verhalte und will ich das?

Das lässt Kinderfreundschaften in ganz neuem Lichte erscheinen. Es vollzieht sich hier sozusagen ein Parallelbonding, dessen Fehlen fast ebenso gravierend zu sein scheint, wie das Fehlen einer Mutterbindung. Kinder brauchen Kinder.

Erwachsene spiegeln das Kind nicht wirklich. Sie schonen es einerseits und zeigen ihm andererseits zu schnell ihre Überlegenheit an Körperkraft und Wissen. Wenn sie aber versuchen, sich auf eine Ebene mit dem Kind zu begeben, finden diese das albern. Sie vergessen nicht, wer der Erwachsene wirklich ist. Und sie brauchen ihn auch als Erwachsenen, weil sie beschützt werden wollen. Kinder brauchen einen Schutzraum, innerhalb dessen sie sich frei und unkontrolliert bewegen können. Wenn dies auch heutzutage immer schwerer zu bewerkstelligen scheint, so muss es doch immer wieder gesagt werden. Wenn Kindern dieser Entfaltungs- und Erprobungsraum unter Ihresgleichen nicht zur Verfügung steht, wird ihre spätere Bindungsfähigkeit darunter leiden. In einer Zeit, in der, wie gesagt, Einzelkinder die Regel geworden sind, muss um so mehr Sorgfalt auf die Ermöglichung und die Pflege von Kinderfreundschaften Wert gelegt werden. Dies ist nicht nur wünschenswert, sondern für eine positive Entwicklung notwendig.

Man kann aus Untersuchungen mit Tieren natürlich keine direkten Schlüsse auf menschliches Verhalten ziehen. Aber wir können wahrscheinlich doch Vorformen unseres Verhaltens erkennen. Harlow untersuchte 1971 Rhesusäffchen, die in einer Gruppe aufwuchsen und solche, die isoliert aufwuchsen. Es zeigte sich, dass bei Äffchen, die in der Gruppe aufwuchsen, im Alter von etwas sechs Monaten etliche Streitereien entstanden. Sie balgten sich, fochten um den Besitz von Dingen und gingen aufeinander los. Dieses Verhalten verschwand nach einiger Zeit und kehrte in dieser Form nie wieder. Die Äffchen, die isoliert aufgewachsen waren, legten im fortgeschrittenen Alter ein aggressives Verhalten an den Tag, das deutlich darauf abzielte, anderen Schaden und Schmerz zuzufügen. Dieses Verhalten dauerte an und verschwand niemals ganz. Das kam bei der in einer Gruppe aufgewachsenen Äffchen nicht vor. Offenbar wurden da im Umgang mit Altersgenossen spielerisch Verhaltensweisen erprobt und Entwicklungsmomente abgerundet, was den Einzeläffchen nicht möglich war.

So stellen sich beim Betrachten des komplexen Verlaufes der sozialen und Persönlichkeitsentwicklung zwei Fragen: Welche Interaktionsmöglichkeiten hat ein Kind? Und was lernt es daraus? Es gibt zwei Bergriffe, die mit diesem Thema verbunden sind: Egozentrismus und Rollenübernahme. Sie sind Struktur und Prozess zugleich. In dem Maße, wie Rollenübernahme möglich wird und zunimmt, nimmt der Egozentrismus ab und umgekehrt. Das kann man das ganze Leben über beobachten. Mit Egozentrismus bezeichnet man eine Verhaltensweise, die das Weltgeschehen nur von einem einzigen Punkt aus betrachtet: Dem Selbst. Das ist eine entwicklungspsychologisch wichtige Phase, die bis zum 18 Lebensmonat währt. Dann ist das Kind allmählich in der Lage, sich selbst als Objekt in Beziehung zu anderen Objekten zu sehen. Auch später im Leben muss sich aber ein Mensch immer wieder auf sich selbst konzentrieren können, obwohl ein Erwachsenenleben ohne Rollenübernahmeverhalten kaum erfolgreich ist. Dies ist ein kognitiver und sozialer

Prozess. Das Individuum ist dann fähig, sich in die Lage, Motive, Gefühle, Gedanken und Verhaltensweisen eines anderen hineinzuversetzen. Es kann sich von der eigenen Perspektive lösen und andere Perspektiven einnehmen und deren Erkenntnisse in das eigene Handeln integrieren. Man kann das auch empathisches Mitempfinden nennen, wie es unter Freunden anzutreffen ist.

Die soziale Entwicklung zu Freundschaft kann in verschiedene Bereiche eingeteilt werden:

- Der Wunsch nach Befriedigung des Grundbedürfnisses von Nähe und Dazugehörigkeit.
- Soziale Kognition: Das Wissen über das Tun anderer.
- Soziale Fähigkeiten: Kontaktformen wie altruistisches und kooperatives Verhalten.
- Soziale Werte: Das Denken und Handeln in der sozialen Wirklichkeit aus bestimmten Wertpräferenzen heraus.

Kinderfreundschaften sind dafür ein breites Lernfeld, aber Kinder lernen auch am Modell. Es wird viel über „Sehen" gelernt. Darum ist es nicht gleichgültig, welche Filme unsere Kinder sehen, welche Bücher sie lesen, welche Geschichten sie hören. Ein freundliches Verhalten und Konflikte kooperativ zu lösen wird ebenso gelernt, wie auf Konflikte stets auf dieselbe Weise zu reagieren, nämlich mit Gewaltanwendung. Kinder lernen auch durch das Verhalten Erwachsener. Wenn Kinder bei Menschen von Bedeutung Freundschaft und Freundlichkeit miterleben, das mutige Einstehen füreinander und das Bereinigen und Verzeihen von Fehlern, dann wünschen sie ihnen zu gleichen.

Ein weiterer wichtiger Lernschritt, den wir für unser ganzes Leben brauchen, ist die Fähigkeit, sich Fremdes vertraut zu machen. Ohne diese Fähigkeit des Menschen würde auch Ehe nicht funktionieren (und funktioniert ja auch oft nicht). Sich jemand Fremdes vertraut zu machen, wie der kleine Prinz und der Fuchs bei Saint-Exupéry, heisst Freundschaft schliessen, heißt soziales Verhalten lernen, über die eigene Gruppe hinaus. Angesichts der wachsenden Verlorenheit, Leere und Gewaltbereitschaft unserer Jugend scheint dies vorrangig. Kindern Freundschaft zu ermöglichen und ihnen bei deren Gestaltung zu helfen, nicht nur zu kontrollieren, ist eine ganz wesentliche Aufgabe der Erziehung zum Frieden.

Liebe schlägt oft in Hass um. Freundschaft kann Jahre überdauern und auch zur „Freundschaft aus der Ferne" werden. Begegnet man sich wieder, setzt man die alte Freundschaft einfach fort. Nur: Wer sich nicht zu binden gelernt hat, kann sich auch nicht lösen, wer keine Vertrautheit erfahren hat, kann auch nicht vertrauen. Von Freundschaften und Freundlichkeit, vom Vertrauen aufbauen, über manche unüberwindlich scheinende Gräben hinweg, handeln die Geschichten dieses Buches. Sie lassen Ungewöhnliches ganz natürlich und machbar erscheinen. Wenn es nicht so gewesen ist, so hätte es doch so sein können. Wir selbst sind es, die unsere Welt gestalten und alles fängt klein an, hat aber oft große Wirkung.

Warum der Mond auch am Tage scheint

Manch einer weiß das nicht, aber Sonne und Mond sind Zwillinge, am gleichen Tag und zur gleichen Stunde erschaffen. Kaum geboren, sprangen sie in die Welt und tollten ganz übermütig darin herum, denn anfangs waren sie natürlich noch viel zu klein und zu jung, um Verantwortung übernehmen zu können. Das fiel auch nicht weiter auf, weil die Welt sowieso noch im Stadium ihrer chaotischen Anfänge war und der Begriff „Ordnung" erst langsam und mühsam von der Schöpfung ins Leben gerufen werden musste.

Als Sonne und Mond etwas älter wurden, fingen sie an sich zu streiten, wie alle Geschwister das zuweilen tun. Sie zankten sich um Kleinigkeiten, aber sie stritten auch darum, wer stärker, größer, besser, beliebter und schöner wäre. Diese Streitereien wurden immer schlimmer, obwohl eigentlich niemand wusste, worum es überhaupt ging und die gütige Schöpfung mit Ermahnungen gar nicht mehr nach kam.

Einmal wurde es ganz schlimm. Sonne hatte Mond ausgelacht und dann auch noch sein Gesicht zerkratzt. Da zückte Mond sein silbernes Schwert und schlug seiner Schwester lauter Zacken aus der Krone. Sonne war darüber so erbost, dass sie mit Feuerschwaden um sich warf. Erde, die zufällig vorbei kam, erhielt dadurch lauter Brandflecken, die man später Wüsten nannte.

„Jetzt ist es aber genug!" rief die Schöpfung. „Wenn ihr euch nicht vertragen könnt, dann muss ich euch eben trennen. Du Mond, sollst von nun an im Reich der Nacht leben. Und du Sonne, sollst das Reich des Tages nie mehr verlassen."

Betreten zogen sich die Geschwister zurück, jedes in sein Reich.

Sonne lernte die Himmelsrichtungen und dass sie im Osten auf- und im Westen unterzugehen hatte. Sie lernte die Jahreszeiten nacheinander aufzusagen:

Frühling, Sommer, Herbst und Winter und dass sie mal mehr und mal weniger scheinen sollte. Manchmal brachte sie die Reihenfolge noch durcheinander und ließ nach dem Frühling plötzlich wieder Schnee und Eis auf die Erde kommen.

„Nein, Tochter," ermahnte die Schöpfung geduldig. „Nach dem Frühling kommt immer der Sommer. Der Winter kommt erst nach dem Herbst. So muss es auch bleiben, sonst können sich Pflanzen, Tiere und Menschen nicht danach richten und sind verloren. Du trägst für sie Verantwortung."

Und Sonne lernte weiter die Reihenfolge von Frühling, Sommer, Herbst, Winter und wieder Frühling. Wie ich schon sagte war es schwer, das Prinzip Ordnung in der Welt einzuführen.

Sonne musste auch lernen, die Bahn der Planeten zu lenken. Und was sie sonst noch lernen musste, habe ich im Augenblick vergessen. Aber es war eine Menge. Anfangs war sie sehr stolz, dass sie das Reich des Tages für sich allein besaß und darüber herrschen konnte. Aber je länger sie allein war, um so mehr erkannte sie, wie sehr sie ihren Bruder, den Mond, liebte und wie sehr sie ihn vermisste.

Mond erging es ähnlich. Auch er war anfangs stolz, das Reich der Nacht ganz allein zu besitzen und zu beherrschen. Er lernte die Herde der Sterne ordentlich zu hüten und aufzupassen, dass der kleine Nordstern auch immer im Norden zu sehen war, damit Mensch und Tier sich danach richten konnten, wenn sie auf Wanderschaft waren. Anfangs schlief er noch manchmal ein, wenn er hüten sollte. Dann machten sich die Sterne selbständig und sprangen vom Himmel herab. Die Menschen lachten und riefen: „Sternschnuppen, Sternschnuppen." Davon wachte der Mond wieder auf und schämte sich. Er hatte auch für die Gezeiten zu sorgen. Das bedeutet, er musste das Meer zu bestimmten Zeiten ans Land spülen und danach mit seinem Mondnetz wieder einfangen und zurückziehen. Wenn er das vergaß, gab es eine Flut auf der Erde und die Menschen schrien: „Land unter!" Dann rügte die Schöpfung den Mond. Er musste nachsitzen und den Monaten die Tage zu-

16

teilen. Das hat er bis auf den heutigen Tag nicht gelernt. Oft hat er plötzlich einen Tag übrig, wie dieses Jahr zum Beispiel. Den schmuggelt er dann in den Februar hinein.

Aber das alles war für den Mond nicht so schlimm, wie die Erkenntnis, dass er seine Schwester über alles liebte und sie sehr vermisste. Es reute ihn, dass er sich in der Zeit, als sie noch beisammen waren, so sehr mit ihr gestritten hatte. Und schließlich beschloss er, sie heimlich zu besuchen und ihr das Liebste zu schenken, das er besaß: sein silbernes Schwert.

Als Sonne ihren Bruder kommen sah, mit dem Schwert in der Hand, dachte sie, nun wolle er auch noch ihr Reich an sich nehmen. Voller Wut sprang sie auf, entriss ihm das Schwert, brach es mitten entzwei und warf es in den Weltenfluss, wo es zischend verschwand. Als sie aufblickte, sah sie ihren Bruder blass und in Tränen. Und aus seinen Augen leuchtete so viel Liebe und Leid, dass auch sie in Tränen ausbrach und ihn voller Reue umarmte. Auf der Erde sah das aus wie eine Sonnenfinsternis.

„Ich wollte dir das Schwert doch schenken und dich um Verzeihung bitten", stammelte Mond. Und Sonne schluchzte unter Tränen: „Wie sehr habe ich dich vermisst, liebster Bruder."

Dann tauchte Sonne ihre Hände in den Weltenfluss, um die Schwertstücke wieder heraus zu holen. Aber die hatten sich in zwei zierliche rosige Göttinnen verwandelt. Die Geschwister staunten.

„Sie gehören dir", sagte Sonne, „denn sie sind aus deinem Schwert entstanden."

„Nein", erwiderte Mond. „Sie sollen dir gehören, denn ich wollte dir das Schwert ja schenken."

„Dann wollen wir die gütige Schöpfung bitten, unsere Reiche zusammen zu legen, sodass sie immer aneinander grenzen. Und an diesen Grenzen sollen die rosigen Göttinnen wohnen und uns beiden gehören."

17

Die gütige Schöpfung freute sich, dass die Liebe in die Herzen ihrer Kinder zurückgekehrt war. Sie erfüllte ihre Bitte und band das Reich des Tages und das der Nacht zusammen, sodass jedermann erkennen konnte, dass sie, obwohl so verschieden, doch auf immer eine Einheit bildeten. Die rosigen Göttinnen bewachten die Grenzen und wurden Abendröte und Morgenröte genannt. Es sind bewegliche Grenzen, mal mehr hier, mal mehr da und von wunderbarer Schönheit, mal zartrosa, mal leuchtend goldrot.

Nun mag man sich fragen, warum die Geschwister nicht wieder zusammen in einem Zimmer wohnen durften. Erstens einmal waren sie ja nun erwachsen und da leben Geschwister nur sehr selten noch zusammen. Und zweitens kann das, was einmal erschaffen ist, also etwas Seiendes geworden ist, nicht wieder zurück genommen und zu Nichtseiendem gemacht werden.

Was nun Sonne und Mond betrifft, so mussten sie wieder voneinander Abschied nehmen. Sie umarmten und umarmten sich und dann kam schließlich die Abendröte und führte den Mond ganz sanft wieder in sein Reich. Aber Mond verhüllte sein Angesicht und Sonne hatte keine Lust mehr zu scheinen. In jener Zeit herrschte Eiszeit auf der Erde und tiefe Trauer bei den Geschwistern.

Aber dann nahm Mond sich ein Herz und ging noch einmal heimlich ins Reich des Tages. Sonne strahlte. Sie schenkte ihm zum Abschied ihren Schleier. Den hängte Mond an seinem Himmel auf, wo er ihn immer sehen kann. Die Menschen nennen ihn Andromedanebel.

Der Mond kommt noch immer ab und zu heimlich in das Reich des Tages geschlichen. Er versucht dann ganz unscheinbar, wie eine Wolke, auszusehen. Man kann aber erkennen, wie vergnügt er ist und wie zärtlich die Sonne ihn anstrahlt. Wenn ihr ihn seht, verratet es niemandem. Wir wollen ihm ja diese kleine, heimliche Freude nicht verderben, zumal auch die gütige Schöpfung immer ein Auge zuzudrücken scheint.

Die Zwillinge Sonne und Mond sind nun schon uralt. Ich glaube, sie können alle ihre Aufgaben deshalb so gut erfüllen, weil sie wissen, dass dort, im anderen Reich, auf der anderen Seite der Erde, jemand ist, der sie liebt und immer lieben wird, auch wenn sie sich nur ganz selten sehen.

Freundschaft mit Tieren

Ein Huhn im Krieg

Da war einmal ein Krieg, das wißt ihr ja, und die ganze Stadt war so ziemlich zerstört. Man musste zusammenrücken. Eine ganze Familie hatte nun oft nur ein Zimmer. Draußen spielen ging schlecht, war auch verboten. Aber Bina und Bajram taten es trotzdem. Was sollten sie auch die ganze Zeit in dem engen Raum machen, wo der Jammer aus allen Ritzen schaute?

Und da draußen zwischen den Trümmern hatten Bina und Bajram eine erstaunliche Begegnung. Ebenso wie sie streunte da, einsam und verängstigt, ein Huhn umher. Es dauerte nicht lange, da hatten sich die drei befreundet. Das Huhn hieß Gaggerlagoog, so sagte es jedenfalls, und ging bereitwillig mit den Kindern ins Haus. Sie fütterten es mit Brotkrumen, die es sorgfältig vom Tisch pickte.

Die Kinder wunderten sich ein wenig, dass keiner von den Erwachsenen schimpfte oder gar befahl, das Huhn sofort aus der Stube zu entfernen. Nein, alle betrachteten es mit Wohlwollen.

„Schade, dass wir keine Petersilie haben oder Knoblauch", sagte die Oma.

„Auch Honig zum Bestreichen wäre gut", meinte die Tante, eine Schwester der Oma.

Bina und Bajram spielten friedlich mit Gaggerlagoog, während die Mutter in den Töpfen wühlte und immer wieder maßnehmend das Huhn musterte.

„Ein paar Zwiebeln sind noch da", sagte die älteste Tochter.

„Aber das passt eigentlich nicht zu Huhn."

Bajram lachte. „Ne, ich habe noch nie ein Huhn Zwiebeln essen sehen. Wir müssen ihm schon von unserm Brot abgeben."

„Allerhöchstens morgen gibt es wieder Brot", sagte die Mutter und guckte so komisch. „Und ausserdem brauchen Hühner eigentlich Körner."

„Und Regenwürmer, nicht Gaggerlagoog? Die suchen wir dir morgen", sagte Bina zärtlich und streichelte das Huhn.

„Gaag, gaag, goog", sagte das Huhn und pickte in der leeren Brottüte herum. Ein schöner Zeitvertreib.

„Wenn Papa jetzt hier wäre..." Die Mutter seufzte und sah den ältesten Sohn an. „Jetzt musst du es eben tun."

„Mit dem kleinen Messer geht es aber nicht", sagte der Bruder. „Da muss ich schon die Axt vom Nachbarn holen."

„Und was willst du sagen, wofür du die brauchst?" Oma wurde richtig aufgeregt. „Am Ende wollen die alle noch mitkommen."

Bajram sah auf seinen älteren Bruder. „Ja, wofür brauchst du denn überhaupt die Axt?" fragte er ahnungslos.

„Na, zum Schlachten von dem Huhn!"

Jetzt war es heraus! Bina und Bajram erstarrten zuerst vor Schreck und fingen dann bitterlich zu weinen und zu schreien an.

„Man bringt seine Freunde nicht um! Das erlauben wir nicht!"

Das Huhn flatterte verstört auf Binas Schoss und rief immer wieder verzweifelt seinen Namen „Gaggerlagoog, Gaggerlagoog."

„Ihr gemeinen Hühnerfresser", schluchzte Bina. „Das lassen wir uns nicht gefallen." Bajram ging mit Fäusten auf seinen Bruder los.

Aber die Mutter sagte, nun sollten mal alle ruhig sein und sich hinsetzen. Dann versuchte sie ganz vernünftig den beiden Kleinen zu erklären, dass sie alle Hunger hätten. Und das schon sehr lange. Und das sich das auch nicht so schnell ändern würde. Es gab einfach nicht genug zu essen, weil die Stadt von der übrigen Welt so gut wie abgeschlossen sei. Und da müsse man halt essen, was man kriegen könnte. Auch ein dahergelaufenes Huhn.

„Nein", sagte Bajram. „Das Huhn nicht, weil es unser Freund ist."

„So, genug geschwatzt. Geh jetzt und hol die Axt", sagte Oma ungeduldig.

Da stieß Bina einen Schrei aus. „Da, da", stotterte sie.

Alle sprangen auf und kamen zu ihr. Das Huhn hatte ein Ei gelegt.

Das veränderte die Situation schlagartig, denn ein Ei war in dieser Zeit etwas so Kostbares, dass man mit ihm als Tauschobjekt fast alles bekommen konnte.

„Seht ihr?" sagte Bina. „Wenn Bajram und ich nicht gewesen wären, dann hättet ihr alles verdorben."

So wurde Gaggerlagoog ein Ehrenmitglied der Familie, legte täglich ein Ei in die Sofaecke, und wenn es nicht gestorben ist, dann lebt es heute noch.

Das weisse Rentier

Es gibt einen Teil der Erde, der sieht wie ein springender Tiger aus. Er badet im arktischen Ozean, dort, wo der Nordpol thront, eisig und ewig. Dieser Tiger streckt seinen von Fjorden zerzausten Rücken dem Nordpol entgegen, ebenso sein Hinterteil, das die Menschen Nordkap nennen. Seinen Bauch hingegen und seine Vorderpranken umspült die freundliche Ostsee. Sie drückt ihren Bottnischen Meerbusen an seine Brust und tröstet ihn, wenn die lange Dunkelheit der Wintertage ihn traurig macht. Wenn allerdings im arktischen Sommer die Sonne gar nicht mehr untergehen will, dann wedelt der Tiger vergnügt mit dem Schwanz im weißen Meer herum. Im Atlas ist das alles bildhaft dargestellt.

Über den Rücken des Tigers zieht seit 9000 Jahren ein Volk, das sein Land Sapmi nennt. Aber Sapmi ist kein Land, sondern ein Traum aus alten Zeiten. Denn wer kennt heute schon ein Land, das keine Grenzen hat, keine Regierung und keine Soldaten? Ein Land, das allen gehört und keinem? Über das die Menschen wandern, in deren Sprache es kein Wort für Krieg gibt, geleitet von den Jahreszeiten, die bekanntlich nicht von den Menschen gemacht werden? Im Winter wohnen sie im Wald und im Sommer auf der offenen Tundra, dem Moosland.

Das kleine Mädchen Kailaa stand im Schnee und drückte ihre Nase zärtlich an die große weiche Nase des weißen Rentiers. Dem Rentier war es offenbar peinlich, so in aller Öffentlichkeit einen Nasenkuss zu bekommen. Es wendete seinen Kopf zur Seite und sah völlig unbeteiligt aus.

„Was ist?" fragte Kailaa. „Magst du mich nicht mehr?"

Da gab das Rentier ihr einen zärtlichen Schubs, sodass sie in den Schnee fiel. Dann warf es sich daneben und die beiden wälzten sich eine Weile lachend im Schneegestöber.

O ja, auch Rentiere können lachen. Sie ziehen dann die Lefzen hoch und geben bestimmte Laute von sich. Aber sie sind auch sehr stolz und empfindsam und leicht beleidigt, wenn man ihre Würde nicht beachtet.

Das weiße Rentier war Kailaas Milchbruder und bester Freund. Wenn sie im Winter für einige Monate in die Internatsschule musste, – im Waldland gab es keine Schulen – dann vermisste sie ihren Milchbruder am meisten. Sie nannte ihn Ru. Am zweitmeisten vermisste sie Großmutter, in deren Zelt oder Torfhütte sie schon immer gewohnt hatte. Und das kam so:

Kailaas Mutter war bei ihrer Geburt gestorben. Es war eine stürmische Winternacht und auch das Leben dieses winzigen Mädchens hing an einem seidenen Faden. Aber Großmutter gab nicht auf. „Großmutter hat die Weisheit eines Rentiers", sagte man von ihr. In dieser Nacht wickelte sie sich fest in ihr Tuch und rannte hinaus in die Kälte zu den Rentieren. Wenige Tage zuvor war auch ein Rentier geboren worden. Das war sehr ungewöhnlich wegen seiner weißen Farbe und wegen dieser Jahreszeit, denn die meisten Rentierkinder werden im Frühling geboren. Großmutter fing die Rentierkuh mit dem Lasso und nahm sie mitsamt ihrem Kalb mit ins Zelt.

Da wurde es eng, aber auch sehr warm. Das kleine Rentier musste nun seine Milch mit dem Menschenkind teilen. Die Renmutter schien das zu verstehen, denn oft legte sie ihren Kopf auf die Rindenwiege des Kindes und atmete ihm Wärme zu. So überlebte es seinen ersten Winter.

Später waren Kailaa und Ru unzertrennlich. Keines mochte einen Schritt ohne das andere gehen. Darum erschrak Großmutter sehr, als sie Ru eines Tages allein ins Lager kommen sah. Ru rannte auch gleich auf sie zu, senkte seinen Kopf und scharrte mit dem rechten Vorderlauf.

„Was ist?" fragte Großmutter. Ru drehte sich um und lief ein paar Schritte. Dann blieb er stehen um zu sehen, ob Großmutter ihm folgte.

„Da ist doch was faul", sagte Großmutter zu den Umstehenden.

„Ru will uns was sagen." Und alle folgten Ru, der sich bemühte, langsam zu gehen und nicht davon zu rasen, vor lauter Ungeduld.

24

Es war wie Großmutter gesagt hatte. Ru führte sie an die Stelle, an der Kailaa in eine Schneegrube gefallen war. Vor lauter Schreck und Glück vergaß Großmutter ganz zu schimpfen, denn Kinder dürfen sich nicht alleine so weit aus dem Zeltlager entfernen. Ru hatte ihr zum zweiten Mal das Leben gerettet. Kailaa setzte sich auf den Rücken ihres Retters und schmiegte sich weinend an seinen Hals. Ru trug sie langsam nach Hause zurück. Die Tränen gefroren auf seinem Fell zu glitzernden Sternchen.

„Warum sind Rentiere so klug, wenn sie doch gar nicht in die Schule gehen?" fragte am nächsten Tag Kailaa ihre Großmutter.

Die lachte spöttisch. „Schule macht nicht klug", sagte sie. „Klug macht das Leben." Sie selbst war nie zur Schule gegangen.

„Aber wie denn? Wie macht es das denn mit den Rentieren?" fragte Kailaa wieder und kaute auf einem getrockneten Stück Fleisch herum.

Großmutters Gesicht bekam noch mehr Runzeln, wenn das überhaupt möglich war, und das war ein gutes Zeichen. Denn dann stieg in ihrem Innern eine Geschichte auf, die erzählt sein wollte. Für Geschichten gibt es nämlich nichts Wichtigeres, als erzählt zu werden, denn dafür sind sie gemacht.

„Früher war alles anders", begann Großmutter. Alle Großmütter beginnen so ihre Geschichten. „Heute gibt es diese merkwürdigen Russen, Finnen, Schweden und Norweger. Das sind Wurzelmenschen. Machen um ein Stück Land einfach einen Zaun und sagen: Das ist meins, meins, meins. Da darf nur ich sein. Das verstehe wer will, ich nicht und Mutter Erde auch nicht. Wir Saami sind Wandermenschen. Man soll nicht so lange an einer Stelle auf Mutter Erde herumsitzen. Das drückt sie. Ich habe gehört, dass Menschen riesige Steinkästen auf eine Stelle anhäufen. Ich wundere mich sehr über die Geduld unserer Mutter Erde. Ich selbst habe diese Geduld nicht, und ich werde niemals Wurzelmensch werden.

Um auf unsere Rentiere zu kommen: Jetzt erzähl ich dir mal eine alte Ge-

25

schichte, die sich ereignet hat, als der Zar noch in Russland lebte. Die Russen behaupteten ja, die Halbinsel Kola gehöre ihnen, dem Zar also. Der Zar träumte einmal, es gäbe im Norden seines Landes einen Zaren, der sei weiser und aus einem viel, viel älteren Geschlecht als er selbst. Der Zar war sehr mächtig und sein Reich bestand aus vielen verschiedenen Königreichen. So schreckte ihn der Traum nicht. Er wollte diesen Zaren kennen lernen und machte sich auf den Weg zu uns. Als unsere Leute das hörten, trafen sie Vorkehrungen, den großen Herrn zu empfangen. Ein weißes Rentier wurde vor den schönsten Schlitten gespannt, um den Zar an der Grenze abzuholen. Schnell wie der Nordwind fegte es durch den Schnee. Der Zar war beeindruckt.

So viel er aber auch nach dem Zaren fragte, der weiser und aus älterem Geschlecht als er selbst sein sollte, er bekam immer zur Antwort: „Wir haben keinen anderen Zaren außer dir. Mögest du lange leben." Die Saami bewirteten ihn mit dem fettesten Fisch, dem besten Rentierfleisch, dem stärksten Schnaps. Nach langem Suchen fanden sie auch eine Torfhütte, in der mal keine Kinder untergebracht waren, sodass der Herrscher auf zehn Rentierfellen schlafen konnte, so lange er wollte.

Trotz der zehn Rentierfelle schlief der Zar schlecht. Erstens konnte er seine langen Beine nicht ausstrecken und zweitens war er enttäuscht. Träume sind doch Schäume, dachte er. Und er war einem hinterher gelaufen. Als der Morgen graute, schaute das weiße Rentier zur Tür herein und sah ihn mit seinen großen dunklen Augen interessiert und ein wenig spöttisch an.

Der Zar stand auf und machte sich reisefertig. So plötzlich wie er gekommen war, verschwand er auch wieder. Schnell wie ein Gedanke eilte das weiße Rentier über den Schnee. An der Grenze stieg der Zar aus dem Schlitten. Groß und herrlich stand das Rentier da, und sein Geweih schimmerte im Glanz des Nordlichtes wie eine zwölfzackige Krone. Da fiel es dem Zar wie Schuppen von den Augen. Er verbeugte sich viele Male vor dem Rentier, bedankte sich für die Belehrung und versprach, das Leben aller Kreatur mehr zu achten als bisher. Sehr nachdenklich kehrte er in sein Reich zurück."

Großmutter schwieg in Gedanken versunken. Jetzt hatte sie das spöttische Gesicht eines Rentiers. „Die Saami sind das älteste Volk, das Gott auf diesem Teil der Erde wandern ließ", sagte sie. „Aber das Geschlecht der Rentiere ist viel tausendmal älter. Darum können wir uns getrost ihrer Weisheit anvertrauen."

Von draußen war ein Scharren und Schnauben zu hören. Ru, das weiße Rentier stürmte ins Zelt und hätte Großmutter und Enkelin beinahe umgerannt. Großvater erschien am Eingang und rief: „Wollt ihr hier den Sommer verdösen? Oder warum habt ihr noch nicht zusammengepackt?" Alle rannten raus. Es war schneidend kalt, aber die Rentiere fühlten schon den herannahenden Sommer im Moosland und mahnten zum Aufbruch.

Fanfan, der treue Freund

Fanfan war Alberts bester Freund. Er hatte ein sehr liebes Gesicht mit großen schwarzen Augen. Aber obwohl seine Mundwinkel immer zu lächeln schienen, sah er doch wie ein trauriger Clown aus. Das kam von dem kleinen schwarzen Fleck unter dem linken Auge. Der saß da wie eine Träne.

Albert hingegen hatte einen roten Lockenkopf und lauter Sommersprossen und seine kleine Nase zeigte zum Himmel. Wenn er fröhlich war und herumsprang, dann tat Fanfan das auch.

War er traurig, dann setzte Fanfan sich vor ihn hin, legte den Kopf schief und ließ sein linkes Ohr runterklappen. Wenn Albert dann lachte, bellte er zufrieden. So ein Freundespaar waren sie!

Am liebsten hätte Albert Fanfan mit in sein Bett genommen. Aber das erlaubten seine Eltern nicht. Fanfan hatte unten neben der Haustür seine Hundedecke und da gehörte er hin. Schon mehrmals hatte Alberts Vater ihn abends runtergebracht und laut und deutlich mit ihm geschimpft.

„Weißt du nicht, wie ein anständiger Hund sich benimmt?"

Fanfan hatte den Kopf schiefgelegt, ein schuldbewusstes Gesicht gemacht und das linke Ohr heruntergeklappt.

„Du Gauner, du", hatte der Vater gesagt und geschmunzelt.

Fanfan hatte begriffen, dass es nicht erlaubt war am Abend gemütlich mit Albert in seinem Bett einzuschlafen. Aber hatte jemand etwas über die Nacht gesagt?

Eines Nachts jedenfalls, kam es Fanfan in den Sinn, leise, leise die Treppe wieder hinauf zu schleichen. Die Tür zu Alberts Zimmer war geschlossen. Aber das konnte Fanfan nicht abhalten. Mit einem Satz sprang er auf die Klinke und die Tür ging auf. Hoch zufrieden sprang Fanfan auf Alberts Bett und kuschelte sich neben ihn. Schlaftrunken legte Albert seinen Arm um den Freund und beide schliefen wohlig und warm.

Hunde wachen meist sehr früh auf. Darum konnte Fanfan in aller Herrgottsfrühe ganz leise wieder die Treppe hinunter schleichen und sich brav auf seine Decke legen. Nur eines fand die Mutter merkwürdig. Nämlich, dass am Morgen die Tür zu Alberts Zimmer offen stand. War da vielleicht das Schloss kaputt? Sie ahnte ja nicht, dass Fanfan eine Tür zwar aufmachen, aber nicht wieder zumachen konnte.

Albert und Fanfan waren unzertrennlich. So lange es irgend ging tobten sie draußen rum, im Wald, im Feld und auch auf dem Bolzplatz. Abends, wenn der Vater etwas vorlas, saßen Albert und Fanfan nebeneinander vor dem Kamin und taten so, als verstünden sie alles. Noch niemals so schien es, hatte jemand Albert oder Fanfan irgendwo alleine gesehen. Sie redeten auch ständig miteinander. Ja, das ging so weit, dass Albert in strittigen Fragen seinen Freund zitierte: „Fanfan hat aber gesagt, man braucht nicht die ganze Zeit am Kaffeetisch sitzen zu bleiben, wenn die alten Tanten da sind." „Fanfan hat gesagt, wir müssen unbedingt bis acht draußen bleiben, weil das Fußballspiel so lange geht und die andern Kinder auch dürfen."

Die Mutter hatte sich schon angewöhnt zu sagen: „Wenn es Fanfan recht ist, dann solltet ihr euch jetzt mal die Hände waschen."

In einem wundervollen Sommer lernten Fanfan und Albert schwimmen. Das heißt, Fanfan konnte es eigentlich schon. Aber das ließ er sich nicht anmerken, sondern machte alle Schwimmübungen mit, die Alberts Vater mit ihnen im Müggelteich durchführte. Allerdings sah es bei ihm etwas anders aus. „Freistil", sagte Alberts Vater dazu.

Dann kam der Herbst. Das war kein gewöhnlicher Herbst, denn jetzt sollte Albert in die Schule kommen. Darauf freute er sich riesig, denn er konnte schon seinen Namen schreiben und wollte unbedingt lesen lernen, damit er abends im Bett seine Bücher selber lesen konnte.

Außerdem kamen auch viele seiner Freunde in die Schule. Ein hübscher Ranzen stand schon bereit und am großen Tag zog Albert ein weißes Hemd an und kämmte seine Haare mit Wasser, damit sie schön glatt lagen. Dabei redete er die ganze Zeit mit Fanfan, der neugierig seinen Ranzen beschnupperte.

„So", sagte Alberts Mutter. „Jetzt gehen wir."

Und sie machten sich auf den Weg zur Dorfschule. Dann geschah völlig überraschend etwas Schreckliches: Albert sollte mit dem Lehrer und den andern Kindern ins Klassenzimmer gehen. Aber Fanfan durfte nicht mit!

Albert weinte und Fanfan jaulte. Alberts Mutter musste Fanfan ganz fest am Halsband halten, damit er sich nicht los riss, um bei Albert zu bleiben. Ganz betreten gingen Mutter und Hund nach Hause.

„Ich weiß, ich hätte es euch sagen müssen", redete die Mutter auf Fanfan ein.

„Ich bin nur nicht darauf gekommen. Ich dachte ihr wüsstet, dass Hunde nicht mit in die Schule dürfen."

Fanfan jaulte und die Mutter sagte: „Ja, bin ich denn verrückt? Jetzt rede ich schon mit einem Hund, wie mit einem fünfjährigen Kind!"

„Schule ist ganz und gar scheußlich", dachte Albert. „Hätt' ich doch bloß nicht damit angefangen!" Erst als seine Mutter und sein Vater lange mit ihm geredet hatten und ihm den Lauf des Lebens und der Schule erklärt hatten, fand er sich endlich damit ab, dass er nun jeden Vormittag ohne seinen besten Freund verbringen musste.

„Aber hinbegleiten darf er mich doch?" fragte er.

„Nein, lieber nicht", sagte der Vater. „Er bleibt so lange hier im Haus."

So schrecklich hatte Albert sich die Schule nicht vorgestellt. Endlos schlichen die Stunden dahin. Noch nie im Leben hatte Albert etwas von so langen Stunden gehört. Sie hatten und hatten einfach kein Ende. Außerdem ereignete sich diese Geschichte zu einer Zeit, in der in einer kleinen Dorfschule noch vier Klassen in einem Raum untergebracht waren. Und der Lehrer hatte einen Rohrstock. Mit dem schlug er auf den Tisch, wenn es zu laut wurde. Darüber war Albert ganz entsetzt und das erzählte er auch Fanfan, als sie nachts wieder heimlich zusammen im Bett lagen. Fanfan war auch ganz entsetzt.

Am nächsten Tag haute der Lehrer auf den Tisch und sagte: „Albert, wenn du weiter so träumst und nicht aufpasst, wirst du nie mit deinen Aufgaben fertig. Sieh dir mal dein Heft an. Die Hälfte fehlt."

„Ich erschreck mich immer so", sagte Albert.

„Papperlapapp, vor was denn?" fragte der Lehrer.

„Wenn Sie so auf den Tisch schlagen und so schrein".

Der Lehrer wurde böse. „Albert, komm mal nach vorn", rief er.

„So, und jetzt entschuldige dich."

„Für was denn?" fragte Albert erstaunt

Der Lehrer wurde immer wütender. „Na warte! Wenn du frech werden willst, da bist du bei mir an den Falschen geraten." Und er packte Albert an Arm.

Aber dann bekam er den Schreck seines Lebens. Ein riesiges Ungeheuer sauste zum Fenster herein, machte einen Heidenkrach und verbiss sich in seinem Hosenbein. Entsetzt fiel der Lehrer auf die Erde und ließ Albert los. Dann war es einen Augenblick mucksmäuschenstill im Klassenzimmer. Und dann fingen die Kinder an zu lachen. Sie lachten und lachten, denn es sah wirklich zu komisch aus, wie da ihr strenger Lehrer auf seinem Hosenboden saß, neben einem kleinen Hund, der seinen Kopf schief hielt, ein Ohr runterklappte und aussah wie ein trauriger Clown. Auf der anderen Seite vom Lehrer stand der kleine Albert und niemand konnte sagen, wer von den dreien wohl am verdutztesten war. Als sich der Lehrer schließlich klar wurde, in was für eine Situation er da geraten war, musste er auch lachen. Und er lachte und lachte, bis er fast weinte, denn er dachte an seine eigene Kindheit. Dann ließ er sich die Geschichte der wunderbaren Freundschaft zwischen Fanfan und Albert erzählen. Und schließlich sagte er: „Ja wenn das so ist, dann ist es wohl am besten, wenn Fanfan auch in die Schule kommt. Aber ich warne dich! Kein Durchsfensterspringen mehr und kein Quatschmachen während des Unterrichts."

Na klar! Fanfan war ja nicht blöd.

31

In der nächsten Zeit lag er während des Unterrichts still unter Alberts Stuhl und passte auf. Auf was, wusste man nicht so recht. Der Lehrer hatte den Rohrstock in die Ecke gestellt. Wenn jetzt jemand ungezogen war, dann sagte er: „Fanfan, wie findest du das denn?"

Dann stand Fanfan auf und bellte den Übeltäter tüchtig aus. Der schämte sich dann.

Albert wurde ein sehr guter Schüler, denn er musste ja quasi für zwei lernen. Während der Hausaufgaben erklärte er oft seinem Freund alles noch einmal und fragte dann: „Fanfan hast du das jetzt verstanden?"

Manchmal stellte Fanfan sich ein bisschen dumm. Aber meistens machte er bei dieser Frage ein beleidigtes Gesicht. Er war ja schließlich nicht blöd.

Weit und breit war diese Schule einzigartig. Denn wer hat schon einen kleinen Hund, der wie ein Clown aussieht, aber so viel Mut, Gespür und Liebe hat, dass er im rechten Augenblick dazwischen springt, wenn ein Unrecht geschieht. Und welche Schule hat schon einen Lehrer, der das versteht und sich und anderen zu Nutze macht?

Diese Geschichte wird von Generation zu Generation weitererzählt werden, auch wenn Albert und Fanfan längst gestorben sind.

Der Fuchs auf dem Klo

Es war einmal ein kleiner Fuchs, der war ziemlich aufmüpfig. Das sagten jedenfalls die Nachbarn und der Lehrer.

„Ich werde einfach nicht mehr mit ihm fertig", jammerte die Fuchsmutter, während sie die jüngeren Geschwister fütterte und den älteren das Jagen beibrachte.

Am wenigsten konnte es der kleine Fuchs vertragen, wenn ihm etwas verboten oder ein Wunsch abgeschlagen wurde. So kam es, dass er in einem solchen Moment voller Wut seine Mutter anschrie: „Du bist eine dumme Gans!"

Das ist nun wirklich das Allerschlimmste, was man einer Füchsin sagen kann, das wird jedermann verstehen. Kaum war der böse Satz gefallen, wurde auch dem kleinen Fuchs klar, was er da angerichtet hatte. In wilder Panik flüchtete er, rannte und rannte und merkte viel zu spät, dass er ins Dorf der Menschen gekommen war. Plötzlich wollte er sich nur noch verstecken, rannte in die erste offene Tür und gleich auch noch in die nächste. Die fiel hinter ihm ins Schloss. Da drückte er sich verängstigt in eine Ecke, um zu verschnaufen.

Das Haus gehörte dem Doktor und als der mal aufs Klo gehen wollte, wen fand er da neben der Kloschüssel versteckt? Den kleinen aufmüpfigen Fuchs. Er redete ihm gut zu und wollte ihn raustragen. Aber der kleine Kerl war so verängstigt, dass er wie wild im Viereck herumsprang, fauchte und kratzte. Schließlich blieb dem Doktor nichts anderes übrig, als das Telefon zu nehmen und die Polizei zu rufen.

Nun war aber gerade der 1. April und jetzt dachte die Polizei natürlich, der Doktor wolle sie auf den Arm nehmen. Ein Fuchs im Klo! Wo gibt's denn so was. Sie lachten herzlich, waren aber auch ein bisschen ärgerlich.

Es dauerte sehr lange, bis der ehrenwerte Doktor die Polizei davon überzeugen konnte, dass es sich wirklich so verhielt und er in diesem Falle Hilfe brauchte.

Zwei Polizisten kamen also im Streifenwagen und hatten auch gleich einen Katzenkäfig mitgebracht. „Das werden wir gleich haben", sagte der eine Polizist forsch und öffnete die Klotür.

Aber er hatte die Rechnung ohne den Fuchs gemacht. Wie ein Kugelblitz sprang der nun wieder im Viereck herum und ließ sich von niemandem erwischen, wollte aber das Klo auch nicht verlassen. Der Doktor war unterdessen zum Nachbarn aufs Klo gegangen, damit er sich nicht auch noch in die Hosen machte.

Als er wiederkam saß der kleine Fuchs verängstigt auf dem Spühlkasten, jeder Zeit bereit, wieder los zu toben. „Hätt' ich doch auf der ganzen Welt nur einen einzigen Freund, der mir hier raushilft", dachte sich der kleine Fuchs. Aber er schaute ganz böse.

„Weiß jemand, wo die Mutter von dem Jungen wohnt?" fragte der eine Polizist und lachte.

„Ach, du bist gut", sagte der andere. „Aber wenn jemand das weiß, dann ist es der Förster." Und er lachte auch.

„Dann rufen Sie den doch bitte an", sagte der Doktor, denn er traute sich nun nicht mehr, es selbst zu tun. Das war auch berechtigt, denn heute, am 1. April, wollte auch der Förster der Sache nicht trauen. „Wegen einem Fuchs im Klo vom Doktor soll ich kommen? Da lachen ja die Hühner!"

Der Polizist musste richtig amtlich werden, um den Förster zum Kommen zu bewegen. Schließlich kam er doch und brachte auch gleich sein Gewehr mit.

Der alte Förster schaute durch einen Spalt der Klotür. Als er sah, dass es der kleine aufmüpfige Fuchs war, schmunzelte er und stellte sein Gewehr in die Ecke. Er versuchte erst gar nicht den Fuchs zu fangen und schickte auch die Polizisten und den Doktor weg. Die konnten so lange in der Küche einen Kaffee trinken.

Der kleine Fuchs sass jetzt auf dem Rand des Klodeckels. Nur ein ganz kleines bisschen machte der alte Förster die Tür auf und hockte sich hin, sodass seine Augen in der Höhe der Augen des kleinen Fuchses waren. Dann

fing er an zu reden. Er erzählte leise dies und das, von Pilzen und Tannen-
zapfen, von Eichhörnchen und Eichelhähern. Und der kleine Fuchs hörte zu.
Die Kleider des Försters strömten den Geruch des Waldes aus. Und auch das
Lodengrün kam ihm irgendwie bekannt vor. Die Stimme des Försters klang
wie das Knarren und Wispern der Bäume. Das alles beruhigte den kleinen
Kerl. Sein Herz schlug wieder langsamer, seine Angst schwand dahin und
schließlich schlief er ein. Da nahm der alte Förster ihn vorsichtig auf den Arm
und trug ihn zurück in den Wald, zu Mama Fuchs, wo er hingehörte.

Freundschaft unter älteren Kindern

Die Muschelfee

Robin war schon früh aufgewacht, denn auf diesen Tag hatte er lange gewartet: Endlich Ferien. Er sprang aus dem Bett und rannte hinaus. Grünlichblau lag das große Meer vor ihm und rauschte und rauschte. Fast hatte er ein bisschen Angst vor so viel endloser Weite.

Dann sah er am Strand ein Mädchen gehn, langsam, wie schwebend. Es hatte lange blonde Zöpfe und gefiel ihm. Langsam ging es an ihm vorbei und verschwand wieder. Robin kehrte in seinen Bungalow zurück.

Dies war nämlich kein gewöhnliches Ferienhotel. Es bestand aus lauter kleinen Häuschen, die im Dünenwald verstreut lagen und Bungalow hießen. Robins Eltern waren jetzt aufgewacht.

„Na?" rief seine Mutter erwartungsvoll. „Wie gefällt es dir hier, mein Ferienbub?"

Robin war nämlich jetzt Erstklässler. Darauf war er sehr stolz. Er hatte immer seine Vettern und Cousinen beneidet, die alle schon in der Schule waren und so spannende Dinge zu erzählen hatten, unter Schulstress litten und sich so richtig auf die Ferien freuen konnten.

„Jetzt will ich aber auch in die Schule!" hatte er vorwurfsvoll zu seinen Eltern gesagt.

„Was hast du's denn so eilig?" wollte der Vater wissen

„Na, damit ich auch endlich mal Ferien kriege!" sagte Robin und fand das nicht mehr als recht und billig. Und jetzt war es endlich so weit: Dies waren Robins erste große Ferien.

Schon das Frühstück war so toll. Sie gingen in ein „Frühstückshaus". Viele Gäste waren schon da. In der hinteren Ecke saß auch das Mädchen vom Strand mit seinen Eltern und Geschwistern. Sie sah manchmal zu ihm herüber und dann schnell wieder weg. Robin aß einen Müslibecher und zwei Brötchen mit Marmelade und dann noch Rührei.

„Morgen gibt's auch wieder was", sagte sein Vater lachend.

Am Badestrand traf Robin das Mädchen wieder. Dort lagen ein paar große graue Steine, wie Tiere, die sich im Wasser suhlen. Auf so einem Stein saß das Mädchen und ließ die dünnen Beine ins Wasser baumeln.

„Schade, dass ich sie nicht kenne", dachte Robin und tat so, als würde er sich überhaupt nicht für sie interessieren. Er hatte nämlich keine Ahnung, wie man jemanden kennen lernen kann, den man vorher nicht kennt.

Der erste Tag verging schnell. Robin fiel totmüde in sein Bett und schlief tief und fest.

Als er am nächsten Morgen aufstand und zum Meer hinausgehen wollte, stolperte er fast über eine Muschel, die auf der Türschwelle lag. Robin hob sie auf. Sie hatte die Farbe von Karamellpudding, fand er. Er konnte sie gerade mit einer Hand umschließen. An einer Seite war sie zu einer scharfen Spitze gedreht, und überall zeichnete sich ein feines Zickzackmuster ab. Robin betrachtete sie lange. Wie mochte sie hierher gekommen sein?

Das Meer war heute viel ruhiger als gestern. Nur wenige weiße Wellenkämme rauschten ans Ufer. Robin suchte nach Muscheln, fand aber keine. Tagsüber gab es viel zu tun. Seine Eltern gingen mit ihm segeln. Robins Gefühle schwankten dabei zwischen Begeisterung und Angst.

Das Meer erschien ihm wie ein unergründliches und unberechenbares Wesen. Man sollte sich besser nicht mit ihm verfeinden. Aber seine Eltern schienen keine Angst zu haben.

Am nächsten Morgen fand Robin wieder eine Muschel auf seiner Schwelle. Konnte das noch Zufall sein? Diese Muschel sah aus wie ein kleines graugeflecktes Tier. Von oben jedenfalls. Von unten gesehen hatte sie einen großen Mund mit vielen, vielen kleinen Zähnen. Sie fühlte sich sehr glatt an, wie poliert. Er hielt sie an sein Ohr. Da rauschte sie wie das Meer.

Am drtitten Morgen erwartete Robin nun schon eine Muschel. Und tatsächlich, da lag sie, schneeweiß und wie ein Engelsflügel geformt. Er zeigte sie seiner Mutter voller Verwunderung.

„Da war wohl die Muschelfee wieder da?" fragte sie und lächelte so merkwürdig. War es möglich, dass seine Mutter …? Aber nein.

Den ganzen Tag ging Robin die „Muschelfee" nicht aus dem Sinn. Er wollte sie unbedingt sehen. Und so beschloss er am nächsten Morgen ganz, ganz früh aufzustehen, um sie zu überraschen, wenn sie die Muschel hinlegen würde. Er schlief unruhig, weil er fürchtete, nicht rechtzeitig aufzuwachen. Tatsächlich war er dann erst gegen Morgen tief und fest eingeschlafen – und wieder lag etwas auf der Schwelle. Diesmal waren es zwei Muscheln, flach und rosa. Wie kleine Fächer sahen sie aus. Robin war jetzt fest von der Existenz der Muschelfee überzeugt. Aber natürlich konnte er niemandem etwas davon erzählen. Auch fragte er sich, warum sie gerade ihn für ihre Geschenke ausgesucht hatte. War er etwas Besonderes? Ein Sonntagskind vielleicht? Danach wollte er seine Eltern fragen.

Zuerst fragte er aber am Abend nach einem Wecker und ließ ihn sich auf sechs Uhr stellen. Zum Glück fragte niemand warum. Als der Wecker klingelte stand er auf und schlich sich ans kleine Seitenfenster, von dem aus man die Eingangstür sehen konnte. Fast eine halbe Stunde musste er warten. Dann tauchte eine Gestalt aus dem Frühnebel auf und schwebte auf die Türschwelle zu. Robin war so sehr auf die Muschelfee eingestellt, dass er eine ganze Weile brauchte um zu begreifen, dass diejenige, die da schnell und scheu eine Muschel auf die Schwelle legte – das Mädchen mit den blonden Zöpfen war.

Robin war wie vom Donner gerührt. Warum um alles in der Welt tat sie das? Sollte das etwa so was wie Liebe sein? Und warum liebte sie ausgerechnet ihn, den Erstklässler in seinen allerersten Sommerferien? Das war ja ein Ding! Robin wurde es heiß und kalt. Was geschah nun weiter? Was sollte er tun? Die blonden Zöpfe waren wieder im Nebel verschwunden und Robin holte mit zittrigen Händen die Muschel herein. Sie hatte zwei Flügel wie ein Schmetterling. Robin hielt sie lange in der offenen Hand. Dann verkroch er sich wieder in seinem Bett und wollte eigentlich gar nicht mehr zum Frühstück oder irgendwo hingehn.

Schließlich konnten ihn seine Eltern aber doch überreden. Das Mädchen stand am Frühstücksbuffet und goss sich gerade Milch über ihre Cornflakes. Robin lief auf sie zu.

Dabei stieß er sie an und das Schüsselchen fiel auf den Boden. Beide bückten sich, um die Scherben aufzuheben. Als das Mädchen sah, wer ihr da half, wurde sie ganz rot. Robin, der ohnehin schon ganz feuerrot im Gesicht war, beruhigte das ein wenig.

„Wie heißt du?" fragte er leise. Das Mädchen wurde noch röter.

„Sofie", flüsterte sie ebenso leise.

„Bist du … bist du heute am Strand?" stotterte Robin.

Sofie konnte nur noch nicken, denn die Putzfrau kam mit einem Lappen.

„Nu lasst mich das mal machen, ihr junges Gemüse", polterte sie gutmütig und kehrte Scherben, Milch und Cornflakes zusammen. Robins Eltern sahen sich lächelnd an und taten so, als hätten sie von alledem nichts gemerkt.

Am Strand saßen Robin und Sofie dann nebeneinander auf einem der grauen Urviechsteine und schwiegen eine Weile. Robin überlegte angestrengt, was er sagen könnte.

„Es gibt hier so schöne Muscheln", begann er zögernd und zeigte ihr die Karamellpuddingmuschel.

„Hm, hm", machte Sofie und versuchte unbeteiligt auszusehen.

„Aber es gibt sie nicht überall", fuhr Robin fort. „Man muss schon Glück haben, wenn man sie geschenkt bekommt."

Er sah Sofie von der Seite an. Aber sie wagte nicht, ihn anzusehen.

„Ich hab' meine Eltern gefragt. Ich bin ein Sonntagskind. Da bin ich froh."

Es entstand eine längere Pause. Schließlich sprang Sofie ins Wasser und Robin hinterher.

Das war der Anfang einer wunderbaren Freundschaft. Sie dauerte volle vier Wochen. Dann reiste jedes Kind wieder mit seinen Eltern in eine andere Stadt. Ob sie sich wohl im nächsten Sommer wiedergesehen haben?

Inlinescater oder: Ein bisschen Herzblut

Tadeus saß lustlos vor seinen Schularbeiten. Der Bleistift war schon ziemlich zerknabbert. Was sollte er bloß schreiben? Ihm wollte einfach nichts einfallen. Da erklang es draußen auf dem Gehsteig wie Donnerrollen. Die ganze Blader-crew rauschte heran, hielt an und rief seinen Namen. Tadeus sprang auf, ergriff seine Inlinescates und rannte hinaus.

„Bin gleich fertig", rief er und schnürte sich die Stiefel zu. Und dann ging es los: Über Berg und Tal, über Bänke und Treppen, um Ecken und Bäume, vorwärts und rückwärts und schnell wie der Wind die langen Straßen hinunter. Geschickt waren diese Jungen. Das ließ sich nicht leugnen. Auch wenn manchen alten Leuten Hören und Sehen verging und sie kopfschüttelnd Verwünschungen ausstießen: „Dass doch der Kuckuck diese Bande hole. Ich sag's ja, einmal wird noch ein Unglück passieren!"

Und ausgerechnet an diesem Tage passierte es. Als die Crew um eine Ecke brauste, sprang gerade ein Mädchen aus einer Tür und rums! Schon war es geschehen. Erschrocken wie sie waren, fuhren sie schnell weiter. Dann hielten sie aber doch an und schauten zurück. Das Mädchen hatte sich beide Knie und einen Ellbogen aufgeschlagen. Sie weinte. „Einer muss helfen!"

Tadeus drehte um und stand dann vor dem Mädchen.

„O je, das tut mir aber echt leid", stammelte er „Wie kommst du denn jetzt nach Hause? Soll ich einen Krankenwagen rufen?"

„Ich wohn' ja gleich hier", sagte das Mädchen. „Aber die Treppen." Sie kramte ihre Sachen wieder in die Tasche und weinte leise weiter.

„Ich … ich könnte dich rauftragen", schlug Tadeus etwas zögerlich vor.

Das Mädchen hörte auf zu weinen und sah ihn groß an. „Mit diesen Dingern an den Füssen?"

„Natürlich nicht!" sagte Tadeus, setzte sich zu ihr auf die Erde und zog die

Inlinescates aus. Er band die Schnürsenkel zusammen und warf die Stiefel über die Schulter.

„So", sagte er dann und hob das Mädchen auf. „Wo wohnst du also?"

„Da drüben, erster Stock links." Sie sah auf seine Füße herunter, die jetzt nur in Socken steckten. Ein Zeh schaute raus. Würde er es die Treppe rauf schaffen?

Tadeus atmete schwer, als er das Mädchen vor ihrer Tür absetzte. Eigentlich wollte er gleich wieder gehen, aber da öffnete die Mutter schon.

„Du meine Güte!" rief sie. „Bist du mal wieder zu schnell gewesen, Marischa? Vielleicht solltest du auch Knieschoner tragen, wie dieser junge Mann da."

Sie umarmte ihre Tochter und half ihr in die Küche.

„Komm doch rein, Junge", rief sie über die Schulter zurück. Und Tadeus konnte nun nicht anders, als der Einladung zu folgen. Schüchtern schloss er die Wohnungstür hinter sich. Seine Socken hinterließen nasse Flecken auf dem Linoleum. Er fühlte sich elend. Warum sollte er eigentlich für den Fehler der ganzen Crew büßen? Was sollte er überhaupt zur Entschuldigung sagen?

„Mama, ohne ihn wäre ich gar nicht nach Hause gekommen, als die Jungen mich umgerannt hatten. Das war echt nett von ihm!"

Tadeus stellte gerade seine Inlinescates in die Ecke. Die Mutter betrachtete sie nachdenklich.

Sie ging ins Badezimmer, um den Verbandskasten zu holen. Marischa und Tadeus sahen sich an, sagten aber nichts. Die Mutter kam mit einer Schüssel warmem Wasser wieder, wusch Marischas Arme und Beine ab und machte einen Sprayverband auf die Wunden. Marischa jammerte leise und Tadeus knetete seine Hände. Er wusste nicht, wo er hingucken sollte, so peinlich war ihm das alles.

„So, jetzt noch der Knöchel," sagte die Mutter. „Kannst du den Fuß bewegen?"

Marischa konnte. Die Mutter holte ein Stück Leinen und machte einen Umschlag mit essigsaurer Tonerde.

„Sollte man nicht einen Arzt …?" fragte Tadeus.

„I wo", sagte die Mutter. „Wir sind gewöhnt uns selbst zu helfen. Aber wenn du vielleicht noch mal mit anfassen kannst."

Sie brachten Marischa aufs Sofa im Wohnzimmer. Sie sah blass aus. „Der Junge aber auch", dachte die Mutter.

„Wenn ich nichts mehr helfen kann, dann geh' ich jetzt mal." Tadeus trat von einem Fuß auf den anderen.

„Ach, trink doch noch einen Kakao mit uns. Setz' dich einen Moment." Die Mutter schob ihm einen Stuhl zu. Es half nichts, dass er „ja aber" sagte. Nach kurzer Zeit kam sie mit Kakao und einem selbstgebackenen Hefekuchen aus der Küche zurück. Während die Kinder wie ausgehungert aßen und tranken, sagte die Mutter:

„Du könntest übrigens doch noch was helfen. Marischa wird ja ein paar Tage nicht in die Schule gehen können. Jetzt, wo sie grad auf's Gymnasium gekommen ist, sollte sie aber nichts versäumen. Könntest du ihr also die Hausaufgaben bringen? Ich meine, gehst du auch auf's Gymnasium?"

„Ja, siebte Klasse", sagte Tadeus mit vollem Mund. Er wunderte sich, dass er Marischa noch nie gesehen hatte. Aber wahrscheinlich war sie jetzt nach den Ferien erst auf's Gymnasium gekommen.

„Ich bin in der 5 b", sagte Marischa und sah Tadeus so merkwürdig an.

„Als ob sie mich bewundern würde", dachte er. „Dabei sollte sie doch böse auf mich sein, weil wir sie umgerannt haben."

„Ich schreib schnell einen Brief an die Lehrerin", sagte die Mutter und schnitt Tadeus noch ein Stück Kuchen ab. „Jungen haben doch immer Hunger!"

Als Tadeus gegangen war, schaute die Mutter zum Fenster raus. Unten saß der Junge auf der Türschwelle und zog sich seine Rollerblades über die nassen Socken.

„Jetzt haben wir gar nicht gefragt wie er heißt", sagte sie. „Und dabei ist er der Erste, der uns besucht, seit wir hier wohnen."

43

„Wieso hast du deine Blades heut' nicht dabei?" fragte Alfred. „Wir wollten doch auf den Marktplatz, sliden."

„Kann nicht. Muss noch in die 5b", sagte Tadeus und ging. Er gab der Lehrerin den Brief.

„Das ist aber nett von dir, dass du Marischa behilflich bist", sagte sie und gab ihm zwei Aufgabenblätter. „Sag ihr gute Besserung."

Alfred war hinter Tadeus aufgetaucht. „Das ist aber nett von dir!" äffte er die Lehrerin nach.

„Ich hoffe, du kommst dann noch auf den Marktplatz und bleibst nicht kleben!" Er schlug Tadeus kameradschaftlich auf die Schulter.

Aber Tadeus kam nicht. Heute nicht und auch die nächsten Wochen nicht. Er hatte etwas anderes gefunden, dass ihm wichtiger war, wie er glaubte. Dieses andere hieß Marischa und es hieß Hefekuchen, Kakao und „zu Hause". Er hatte seine Mutter verloren. Jetzt wohnte er mit seinem Vater und seinem großen Bruder in einem Aussiedlerheim. Da gab es keinen Kakao.

Anfangs hatte er die Hausaufgaben aus Pflichtgefühl zu Marischa gebracht. Und auch, weil er sich schuldig fühlte, obwohl eigentlich nicht er sie umgerannt hatte. Aber dann wünschte er zu seinem eigenen Erstaunen, dass Marischa ja nicht zu schnell gesund würde und er noch lange täglich zu ihr kommen könnte. Sie war das Tor zu einer anderen, nie gekannten Welt. Mit seinen 13 Jahren fiel ihm dazu aber nur das Wort „gemütlich" ein. Und mit seinem Gemüt hatte es ganz bestimmt etwas zu tun.

Aber die Zeit steht nicht still und Wunden heilen. Marischa konnte wieder zur Schule gehen. Zu der Zeit waren die beiden aber schon so befreundet, dass sie auch weiterhin täglich etwas zusammen machten. Sie spielten Brettspiele, schauten sich Videos an oder erzählten sich Geschichten. Das konnte Marischa besonders gut. Einmal schlug Tadeus vor, ihr das Bladen beizubringen. Aber erstens hatte Marischa Angst und zweitens konnte ihre Mutter ihr keine so teuren Dinger kaufen. Aber die Mutter freute sich immer über Tadeus' Besuch. Auch sonst schien niemand etwas dagegen zu haben. Marischa war noch nie in ihrem Leben so glücklich gewesen.

„Für Freundschaft vergießt man gern ein bisschen Blut", sagte sie lachend.

Aber mit der Zeit wurde Tadeus immer einsilbiger. Eine stumme Traurigkeit legte sich auf ihn. Und wenn Marischa fragte: „Was hast du?" wusste er nichts zu antworten. Alles war doch so gut und angenehm wie noch nie in seinem Leben.

Einmal kam Marischa in's untere Stockwerk, wo Tadeus' Klassenzimmer war. Da sah sie ihn im Flur am Fenster stehen. Sie schaute in den Hof und sah die Bladercrew, wie sie sich die Rollstiefel anzogen und dann davon brausten. Marischa ging schnell zurück. Am nächsten und übernächsten Tag war es das Gleiche.

„Warum bladest du eigentlich nicht mehr?" fragte sie am Nachmittag.

„Och", murmelte Tadeus, „hab keine Lust."

Aber Marischa wusste es besser.

Am nächsten Tag sagte sie zu ihm: „Du, es tut mir leid, aber ich kann jetzt nur noch mittwochs was mit dir zusammen machen. Meine Mutter hat mich in der Musikschule angemeldet. Und da muss ich jetzt sehr viel üben."

Es tat ihr ein bisschen weh, dass Tadeus sich über die plötzliche Musikalität überhaupt nicht zu wundern schien. Er konnte seine Freude kaum verbergen, sagte aber: „Schade! Na ja, der Mittwoch bleibt uns ja für immer."

Als Marischa am nächsten Tag auf den Schulhof hinunter sah, zog Tadeus gerade seine Rollerblades an. Umringt von seiner Crew brauste er aus dem Hof. Keiner seiner Freunde schien sich darüber zu wundern oder ihm etwas nachzutragen. Jungen waren eben anders als Mädchen, dachte Marischa wehmütig.

Aber für eine echte Freundschaft muss man halt auch mal ein bisschen Herzblut vergießen.

Kanaster

In der Schule war jetzt das Bestefreundinnenkarussell angesagt. Eben noch waren Julia und Franziska beste Freundinnen gewesen. Dann hatte sich Mona dazwischengedrängt und nun waren Mona und Franziska beste Freundinnen, während Julia auf die beiden stinksauer war. Ebenso war es mit Claudia, Sylvia und Anita gegangen. Darum waren jetzt Julia und Claudia beste Freundinnen. Jedenfalls gab es in der Klasse mittlerweile ebenso viele beste Freundinnen, wie beste Feindinnen. Wer blickte da noch durch? Und warum überhaupt?

Auch Beate und Pauline waren beste Freundinnen. Zwischendurch hatte Katja mal versucht die beiden auseinander zu bringen, um sich mit Beate zu verbünden. Aber das war nicht von langer Dauer gewesen. Beate und Pauline waren sich sehr ähnlich in ihren Interessen und ihrem Temperament. Katja war ganz anders. Gerade das hatte Beate eine Weile bewundert, fand sie dann aber zu affig.

Pauline und Beate zogen sich gerne gleich oder ähnlich an. Oft klingelte am Abend noch das Telefon bei Pauline und Beate fragte: „Was ziehst du morgen an?" und dann berieten sie lange, viel zu lange, wie ihre Mütter fanden, was sie morgen anziehen würden. Rock oder Hose? Bluse oder Pulli? Das Schwarze oder das Rote?

Sie hatten auch die gleichen Frisuren und die gleichen Haarspängchen. Und als sich die eine die Haare schneiden ließ, mußte es die andere auch gleich tun. So sahen sie sich selbst in der anderen gespiegelt und bestärkten sich in dem, was sie gut oder blöd fanden. Sie trafen viele Abmachungen, die sie im Allgemeinen auch einhielten. Manchmal wurde es Beate ein bisschen viel. Aber Pauline war immer gleich treu. Sie war in ihrer Klasse beliebt, auch bei den Jungen. Aber sie würde nie etwas tun, an dem Beate nicht teilhaben konnte. Beate war für sie wirklich die beste und wichtigste Freundin.

Beide Mädchen spielten gerne Karten. Sie hatten einen Kanasterklub gegründet. Da trafen sich dann ein paar Jungen und Mädchen in der Mittagspause zum Spielen. Nun geht es bei Kanaster ja darum, gleiche Karten von einer Sorte zu sammeln. Die andern sollen möglichst nicht wissen, was man sammelt. Wenn Pauline sich aber mit Beate absprach und sie Geheimzeichen über ihre Sammelkarten ausmachten, dann konnte die eine der anderen die passenden Karten zukommen lassen. Da waren die Gewinnchancen höher. Das war ja nun freilich ein bisschen geschummelt. Aber Spaß machte es den beiden Freundinnen schon.

Einmal aber, als beide schon einige Karten beisammen hatten, Pauline Könige, Beate Damen, da sah Pauline, wie Beate einen König zog, ihn aber nicht wieder rauslegte, sodass Pauline ihn hätte nehmen können. Nein, sie behielt ihn selbst und machte Schluss, indem sie alle Karten auf den Tisch legte: Kanaster und gewonnen. Pauline war diejenige, die am meisten miese Punkte hatte.

Sie war wütend und entsetzt. Sie fühlte sich von ihrer besten Freundin verraten und im Stich gelassen. Tränen traten ihr in die Augen. Und das auch noch vor den Jungen. Wütend stand sie auf und rannte weg.

„Was ist denn?" rief Beate ihr nach. Sie sah das ganz anders. Spiel ist Spiel. Endlich mal hatte sie grandios gewinnen können. Da war sie so begeistert, dass sie jede Abmachung vergessen hatte. Und so ist eben Spiel. Was war da schon dabei? Ein bisschen schlechtes Gewissen bekam sie aber schon, als ihr bewusst wurde, dass sie auf Kosten ihrer besten Freundin gewonnen hatte. Das war noch nie vorgekommen.

Pauline ging wortlos nach Hause. Wortlos saß sie am nächsten Tag in der Straßenbahn, im Klassenzimmer und am Mittagstisch. Beate machte noch einige Versuche, die Sache als harmlos hinzustellen. Aber das ärgerte Pauline nur noch mehr. Sie verstand einfach etwas anderes unter bester Freundschaft. Was, wusste sie auch nicht so genau. Hätten die zwei doch nur jemanden gehabt, mit dem sie über den Wirrwarr ihrer Gefühle hätten reden können.

So aber kam es zu keiner Verständigung. Bis, ja, bis einfach Gras über das Ganze gewachsen war. Kanaster spielten sie zwar nie wieder, aber es gab andere wichtige Dinge. Und als die Tanzstundenzeit hereinbrach, telefonierten sie abends wieder stundenlang, um ihre Garaderobe aufeinander abzustimmen und sich über Jungen und Pickelbehandlung zu unterhalten.

Die Reise zur Dracheninsel

Han und Jan teilten sich ein Zimmer im Kinderheim. Han hatte immer Angst, aber Jan hatte nie Angst. Eigentlich hieß er Juan, aber das sagte hier keiner. Immer wenn es etwas Neues gab, ein neues Schuljahr, eine neue Klasse, einen Ausflug, ein Fußballspiel mit der anderen Schule, das Sommerlager, dann hatte Han Angst. Aber Jan machte alles Neue Spaß. Er malte sich schon tagelang vorher aus, wie alles sein würde. Und da hatte Han herausgefunden, dass er weniger Angst hatte, wenn er Jan vorher eine Weile zuhörte. Jan war es sehr recht, wenn ihm jemand zuhörte, besonders abends im Bett, in der komischen Zeit vor dem Einschlafen, wenn man so leicht traurig wird.

„Ich hätte so gerne mal Urlaub", fing Jan eines Abends an. Und Han fragte:

„Wo könntest du den denn herkriegen?"

Jan meinte, wenn er später mal einen Chef hätte, der würde ihm sicher Urlaub geben.

„Der gibt dir seinen Urlaub?"

„Nein, natürlich nicht seinen, aber einen. Und in den fahre ich dann."

Han fragte, ob Urlaub denn ein Tunnel sei, in den man hineinfahren könnte. Aber Jan erklärte ihm, dass das eher so ein seltsames Etwas aus Zeit sei. Und ob Han dann mitkommen wolle.

„Ne", sagte Han. „In so ein komisches Ding aus Zeit fahre ich nicht. Da hab ich Angst."

„Aber Han! Das wird ganz toll. Wir fahren mit dem Bus."

Aber Han blieb bei seinem Nein. Im Bus würde ihm immer schlecht, meinte er.

Nun war das Spiel ja eigentlich schon aus. Jan wollte das aber nicht, denn obwohl er so tat, als hätte er vor nichts Angst, diese Abendstunden hasste er.

Darum kramte er jetzt einen Kaugummi hervor und sprang vom Stockbett runter zu Han.

„Da weiß ich ein gutes Mittel, hier! Kaugummi kauen und sich ganz vorne hinsetzen."

Er zog Han an's untere Bettende und mimte den Busfahrer. Han freute sich über den Kaugummi und beide erzählten sich eine Weile von der schönen Landschaft, an der sie vorbeifuhren. Jan machte ab und zu Busgeräusche. Dann hielt er an.

„So, jetzt sind wir da."

„Im Urlaub?"

„Ne, am Flughafen. Wir fliegen jetzt mit einer 747."

Han, der noch nie geflogen war, weigerte sich entschieden.

„Wenn das so wackelt und ich kotzen muss oder wenn mir schwindlig wird und ich ins Meer falle."

„Jetzt steig erst mal ein", sagte Jan und sie setzten sich nun auf die Querseite vom Bett.

„Wenn's vom Wind so wackelt, da macht man den Sitzgurt fest. Klick. Und hier ist eine kleine Tüte, falls du wirklich mal kotzen musst. Und jetzt zeigt dir die nette Stewardess, wie man die Schwimmweste benutzt, die unter dem Bett, äh Sitz ist."

Jan stand auf und machte es vor, während er mit hoher Stimme sagte: „Ladies and gentlemen, we will now show you, how to use the life vest."

„Ich versteh' ja nichts."

„Macht nichts. Jetzt kommt sowieso das Essen."

Jan beschrieb, was alles auf den kleinen Tabletts aufgetischt wurde. Und das gefiel Han. Essen war ihm wichtig.

„Wohin fliegen wir?"

Jan erzählte von einer Insel, auf der es einen ganz hohen Berg gäbe, einen Vulkan. Die Insel hieße Dracheninsel, weil der Vulkan Feuer und glühende Steine aus einem Loch spucken würde.

Das hätte er lieber nicht sagen sollen, denn man kann sich denken, dass Han da auf keinen Fall hin wollte. Aber Jan ließ nicht locker. Er erinnerte Han an all die netten Drachen in den Bilderbüchern und im Fernsehen. Und dann machte er: „Krach, krach, krach, kuller, kuller kuller."

„Was war das?" fragte Han ängstlich. „Kratzen die Drachen jetzt schon an unserem Flugzeug?"

„Nein! Wir sind gelandet. Das waren die Räder auf dem Rollfeld. Hast du Ohrenweh?"

Han wusste nicht, warum er jetzt Ohrenweh haben sollte. Aber er nickte mal für alle Fälle.

Jan zog zwei Bonbons unter seinem Kopfkissen hervor.

„Das kommt von dem veränderten Luftdruck. Da muss man lutschen und viel schlucken", sagte er.

Sie lutschten eine Weile und dann fragte Han: „Wann steigen wir aus?"

„Wenn das Flugzeug seine endgültige Position erreicht hat. Halt! Erst abschnallen. Klick, klick. Und sei etwas vorsichtig wegen der Drachen."

Sie sprangen vom Bett und schlichen in Richtung Schrank.

„Wo sind denn nun die Drachen?" fragte Han ganz leise.

Jan erklärte ebenso leise, dass die Drachen sich auf den Dragos versteckten, die großen auf den großen und die kleinen auf den kleinen. Und Dragos, das seien spezielle Drachenbäume. Die gäbe es nur hier auf dieser Insel und sonst nirgends auf der Welt.

„Ich seh' sie aber nicht", flüsterte Han.

„Du siehst die Bäume nicht? Ja, hast du Tomaten auf den Augen oder was?"

Han beteuerte, dass er zwar die Bäume, aber nicht die Drachen sähe und ob man nicht mal ein bisschen Licht machen könnte. Aber das ging nicht wegen dem Nachtdienst, den man jetzt auf dem Flur entlang gehen hörte. Han und Jan saßen ganz still unterm Tisch.

„Mir ist so heiß und ich hab' Durst", sagte Han schließlich.

„Dann kauf' dir einen Orangensaft. Auf dem Tisch ist die Bude."

Han stand auf und bat eine imaginäre Frau um Orangensaft. Und Jan, von der anderen Seite des Tisches, sagte: „Un zumo de naranja? Naturalmente. Tiene usted un zumo de naranja", und gab Han die halbleere Dose.

Han war verwirrt. „Wie redest du denn auf einmal so fremd?"

„Tja, Han, wir sind ja hier auch nicht daheim. Wir sind in der Fremde, da redet man fremd."

„Na, vielen Dank", sagte Han wenig begeistert.

„Muchas gracias", heißt das.

Han trank den Rest Orangensaft, der noch auf dem Tisch gestanden hatte.

Dann saßen sie wieder unterm Tisch und warteten auf die Drachen. Und Jan sagte:

„Nicht alle Leute sehen sie. Eigentlich nur die Kinder mit einem Vokal im Namen."

„Was? Nur Kinder mit einem Vulkan im Namen? Und das sagst du mir jetzt?" Han war wütend, denn er hatte sich schon so auf die Drachen gefreut. Aber Jan konnte ihn beruhigen. Er erklärte ihm, dass ein Vokal kein Vulkan ist und dass er ja einen, nämlich ein A in seinem Namen hätte. „Und riechst du was?"

„Ja, hier stinkt's nach … nach faulen Eiern."

„Ne, das ist Schwefel. Drachen atmen Schwefeldämpfe aus. Gleich muss einer hier sein."

Tatsächlich wälzte sich etwas Grünes heran, schnaufend und funkelnd. Und auf einmal waren überall Drachen, große und kleine, ganze Familien von Drachen. Sie liefen herum, flogen auch mal auf, balgten sich oder aßen Kaktusfrüchte und was Drachen eben so machen. Han hatte einen Heidenspaß bis einer, der große Drache vom Anfang, auf einmal furchtbar nieste. Han erschrak, fuhr hoch und schlug sich den Kopf am Tisch an. Es war heller Morgen. Die Erzieherin stand im Zimmer und rief: „Was ist denn hier mal wieder los? Einer schläft unterm Tisch, der andere im falschen Bett. Kinder, Kinder."

„Das muss wegen den Drachen gekommen sein", sagte Han und wunderte sich, dass er zugedeckt war. Jan gab ihm ein Zeichen, dass er ruhig sein sollte.

„Sonst noch was?" fragte die Erzieherin und tippte sich an die Stirn. „Ab ins Badezimmer und dann zum Frühstück."

Die Jungen sahen sich an und kicherten.

„Heute Abend verreisen wir wieder, okay?" sagte Jan und kroch aus Hans Bett. In seins hatte er es nicht mehr geschafft.

Solange Jan und Han zusammen im Kinderheim waren, machten sie viele Reisen in die Welt. Han hatte bald keine Angst mehr vor'm Fliegen oder anderen Fortbewegungsmitteln und darum auch viel weniger Angst vor dem Sommerlager oder einem Ausflug. Und Jan musste nie mehr allein auf seine Phantasiereisen gehen.

Aber nach der Schule trennten sich ihre Wege. Erst als sie beide einen Chef hatten, trafen sie sich durch Zufall wieder. Sie nahmen Urlaub und verreisten zum ersten Mal wirklich miteinander. Sie flogen mit dem Flugzeug auf eine Insel, die einen Vulkan hatte. Und da, in seiner Nähe, waren zwei Kraterlöcher und … die beiden Freunde konnten ihren Augen nicht trauen, da stand auf einem Schild doch tatsächlich:

Los fosas nasalles del dragon. Die Nasenlöcher des Drachen.

Gottes Waschmaschine

Monikas Mutter heiratete einen neuen Mann, weiß der Himmel warum. Aber das war noch nicht einmal das Schlimmste. Das Schlimmste war, dass dieser neue Vater auch noch ein Kind mitbrachte, ausgerechnet einen Jungen. Iiiih. Und wie der schon hieß: Sigbert! Wie kann ein Mensch nur Sigbert heißen! Der hatte wirklich echt einen an der Waffel. Nicht nur, dass er bei jeder Gelegenheit damit prahlte, dass er drei Monate älter als Monika war, nein, er brachte auch noch seine Scheuchen mit. Zwei stellte er im Garten auf und an der dritten arbeitete er gerade. Er sammelte die verrücktesten Sachen und baute sie dann zu menschlichen Wesen zusammen. Scheuchen eben. „Die scheuchen nicht nur die Vögel weg, sondern auch die bösen Geister", erklärte er seiner neuen Mutter. Monikas Mutter! Und die fand, dass das ganz wunderbare Kunstwerke waren. Andere Leute fanden das übrigens auch. Sie blieben am Garten stehen und bewunderten sie.

„Wir müssen ein bisschen nett zu Sigbert sein", sagte Mutter zu Monika. „Damit er sich gut bei uns eingewöhnen kann."

„Deswegen braucht sie ihn doch nicht gleich nach Strich und Faden zu verwöhnen", dachte Monika und kochte innerlich vor Wut.

Dann kam ihr neunter Geburtstag, der schönste Tag im Jahr, an dem sie immer wie eine Prinzessin behandelt wurde. Natürlich war es dieses Jahr anders!

„Du hast ja jetzt einen Bruder", sagte Mutter. „Das ist doch viel schöner, als nur immer alleine zu sein, nicht wahr?" Und sie verlangte, dass Monika die Hälfte ihrer Schokolade an Sigbert abgeben sollte.

„Du hast ja so viel. Die kannst du doch sowieso nicht alle alleine essen."

Als ob es darum gegangen wäre!

Sigbert hatte Monika eine Miniaturscheuche gebastelt. Ganz reizend fanden das alle. Aber was sollte Monika damit anfangen?

„Na ja, vielen Dank", sagte sie aus Höflichkeit und packte das Päckchen ihres in Frankreich lebenden Vaters aus. Es war ein Segelschiff aus Balsaholz, ein Dreimaster, den man selbst zusammenbauen musste. Monika sah es etwas ratlos an.

„Ein typisches Mädchengeschenk!" Mutter konnte sich diese sarkastische Bemerkung nicht verkneifen.

Dann wurde der Kuchen gegessen. Monika fing schon wieder an innerlich zu kochen, weil die Mutter Stück für Stück auf Sigberts Teller legte. Sigbert aß wie immer mit großem Appetit, schielte aber nebenbei auf die Gebrauchsanweisung für das Segelschiff, die unter den Tisch gefallen war. Nach dem Essen ging Monika raus, um ihren Freundinnen ihr neues Kleid und ihren Cityroller zu zeigen. Als sie nach einer Stunde wieder reinkam, kannte sie sich selbst nicht mehr vor Wut über das, was sie da sah. Sigbert saß am Tisch und hatte den Rumpf des Segelschiffes bereits zusammengeklebt.

„Ich dachte, du magst das sowieso nicht…", stotterte er, als er Monikas wutentbranntes Gesicht sah. Aber es was schon zu spät.

„Du blöder, gemeiner, hinterhältiger, fieser, abartiger Mistkerl. Geh doch dahin, wo du hergekommen bist", schrie sie, nahm das Schiff, schmiss es auf den Boden und trampelte darauf herum. Dann rannte sie in den Garten, riss alle Scheuchen heraus und trampelte ebenfalls darauf herum, immer wieder die wildesten Verwünschungen ausstoßend.

Sigbert war hinterher gekommen und als er seine geliebten Wesen so übel behandelt sah, verlor auch er die Beherrschung, stürzte sich auf Monika und eine wüste Schlägerei entbrannte.

Als es der vom Kampfeslärm herbeigelockten Mutter endlich gelang die beiden zu trennen, fehlte Monika ein beträchtlicher Haarbüschel und ein halber Zahn, während Sigbert ein blaues Auge und eine tiefe Bisswunde im linken Unterarm hatte.

Die Mutter musste die beiden zum Arzt bringen. Sehr peinlich.

Daraufhin fuhr Sigbert zu seiner Großmutter und Monika bekam vier Wochen Hausarrest, denn sie hatte keine Großmutter.

Es war sehr still in Monikas Zimmer. Darum machte sie am Abend die Tür ein wenig auf, um wenigstens ein paar Geräusche aus der Wohnung zu hören. Vater und Mutter unterhielten sich. Jeder nahm sein Kind in Schutz. Für Monikas eifersüchtiges Herz war es wie Balsam, ihre Mutter so reden zu hören. Dann gab es eine Pause. Und dann sagte die Mutter mit trauriger Stimme: „Ich wusste gar nicht, dass Monika so gemein sein kann."

Und der Vater sagte: „Ich wusste auch nicht, dass Sigbert so böse werden kann."

Dann schwiegen sie wieder eine Weile. Und dann sagte die Mutter:

„Wir haben zu viel verlangt. Wenn wir uns lieben, dann heißt das ja noch lange nicht, dass die zwei sich auch lieben müssen. Und nach allem was passiert ist, wird es wohl auch nichts mehr werden."

„Heißt das, dass wir uns wieder trennen müssen, dass die ganze Sache gescheitert ist? Denn die Kinder wird ja wohl keiner von uns weggeben wollen", sagte der Vater. Da fing die Mutter furchtbar an zu weinen. Und auf einmal verstand Monika ihre Mutter. Zum ersten Mal in ihrem Leben konnte sie von sich selbst absehen und sich in jemand anderen hineinversetzen. Sie rannte ins Wohnzimmer und warf sich ebenfalls weinend ihrer Mutter in die Arme.

„Ich will's ja nicht, ich will ja nicht so bös sein", schluchzte sie immer wieder.

Etwas hilflos streichelte der Vater die Rücken von Mutter und Tochter. Nach einer Weile sagte er: „Wollen wir es denn noch mal versuchen?" Monika nickte stumm.

Nach vierzehn Tagen kam Sigbert von seiner Großmutter zurück. Die beiden Kinder sagten sich zwar guten Tag, aber mehr nicht. Eine ganze Woche lang gingen sie sich aus dem Weg, wo sie nur konnten. Aber immer, wenn die Mutter etwas sagen wollte, legte der Vater seine Hand auf ihren Arm und hielt sie davon ab.

Am Sonntagmorgen sagte der Vater: „Wir müssen heute verreisen, denn wir wollen uns einen Wohnwagen ansehen, den wir vielleicht kaufen wollen. Der steht am Bodensee. Hier ist die Telefonnummer von den Leuten."

Und die Mutter sagte: „Im Backofen steht das Mittagessen. Das braucht ihr nur warm zu machen. Und bitte füttert den Vogel und gießt die Blumen. Um sieben sind wir wieder da."

Damit verabschiedeten sie sich, stiegen ins Auto und fuhren davon. Zwei sehr verdutzte Kinder blieben zurück. Jeder ging in sein Zimmer.

Zur Mittagszeit klopfte es an Sigberts Tür. Monika machte sie eine Spalte auf und sagte:

„Ich habe das Mittagessen warm gemacht. Kommst du?"

Sie sah, dass Sigbert seine kleine Eisenbahn ausgepackt und aufgebaut hatte.

„Eigentlich interessant", dachte sie und schaute auf all die kleinen Häuschen und Leute, die noch herumlagen. Sigbert stand auf und folgte Monika in die Küche. Da war der Tisch schon gedeckt.

„Soll ich mal?" fragte Sigbert, holte den Auflauf aus dem heißen Ofen und balancierte ihn geschickt auf den Tisch. Sie aßen stumm und hatten keine Ahnung, wie es nun weitergehen sollte.

„Ich könnte Kaffee im Wohnzimmer machen, wie die Großen." Sigbert fand das gut.

Der Kaffee schmeckte ihnen scheußlich und darüber mussten sie lachen. Sie schütteten noch viel Milch und Kakaopulver dazu. Dann aßen sie stumm die Kekse aus der Dose, die ihnen die Mutter hingestellt hatte. Sie aßen und aßen und plötzlich trafen sich ihre Hände in der Dose über dem letzten Keks. Sie lachten wieder und brachen den Keks entzwei. Jeder bekam eine Hälfte.

„Wir müssen ja jetzt immer zusammenbleiben. Selbst im Himmel werden wir uns wiedertreffen", sagte Monika .

„Ne, du kommst bestimmt nicht in den Himmel!" Sigbert hielt seinen Arm hoch, auf dem deutlich eine große Bissnarbe zu sehen war. Monika schämte sich und schlug die Augen nieder.

„Mein Religionslehrer hat gesagt, es gibt aber keine Hölle. Wo soll ich dann hin?"

Bei jedem S, das sie aussprach, pfiff es ein bisschen durch ihren halben Zahn. Das konnte auch Sigbert nicht überhören. Ganz melancholisch sagte er:

„Das wird wohl nichts mehr. Wir haben zu viel Böses getan."

Monika dachte nach. Das konnte man immer ganz genau an ihrem Gesicht sehen. Eine kleine Falte bildete sich zwischen den Augenbrauen.

„Wenn es keine Hölle gibt und im Himmel gibt es nur Gutes, wie macht das denn der Liebe Gott?" Sigbert wusste es auch nicht.

„Böses ist ja wie Dreck. Und wenn wir uns dreckig gemacht haben, dann stopft Mutter unsere Sachen in die Waschmaschine. Und dann sind sie wieder sauber. Der Dreck ist einfach weg."

„Und du meinst, Gott macht das auch so?"

„Da bin ich ganz sicher. Böses gibt es ja nur auf der Erde. Wenn jemand tot ist, kann er nichts Böses mehr tun. Das gibt es einfach nicht. Wenn man stirbt, bleibt das Böse mit dem Körper zurück. Der wird ja dann auch wieder zu Dreck. Aber die Seele ist wie frischgewaschene Wäsche aus der Waschmaschine. Ganz neu."

„Mit Perwoll gewaschen", flötete Sigbert. Ihm gefiel die Idee. Ja, so musste es sein.

„Müssen wir jetzt warten, bis wir tot sind oder könnten wir unsere Bosheiten auch jetzt schon in die Waschmaschine tun? Denn verzeihen kann ich dir den Tod meiner Scheuchen nicht."

„Ich kann dir auch nicht verzeihen, dass du mir meine Schokolade wegfrisst, meine Mama in Beschlag nimmst und meinen Zahn abbrichst. Also Waschmaschine!"

„Waschmaschine!" bekräftigte Sigbert und schlug in Monikas hingehaltene Hand ein.

Um sieben Uhr abends fanden die Eltern ihre Kinder mit dem Aufbau der Eisenbahnlandschaft beschäftigt. Da fielen ihnen polternd zwei Steine vom Herzen.

„Was war denn das?" fragte Sigbert, bekam aber keine Antwort.

Danach wohnten Monika und Sigbert noch zehn Jahre lang zusammen. Nicht immer ohne kleine Streitigkeiten, versteht sich. Aber sie mochten sich auch und blieben ein Leben lang miteinander befreundet, wie sich das für Geschwister gehört.

Meike von nebenan

Familie Rosental saß beim Abendessen. Rudi Rosental biss gerade in sein Käsebrot, da klingelte es an der Tür. Vater ging nach draußen, um zu öffnen und kam mit Frau Kleinschmidt wieder. Das war die neue Nachbarin.

„Ach, ich wollte nicht stören", sagte sie schüchtern, als sie den Abendbrottisch sah.

„Das macht doch nichts, Frau Kleinschmidt", rief Mutter.

„Trinken Sie doch eine Tasse Tee mit uns. Nett, dass wir uns kennenlernen." Rudi holte eine Tasse aus der Küche.

„Die Kinder haben es nur zehn Minuten bis zur Schule", erzählte Herr Rosental. „Sie haben doch auch eines, nicht wahr?" „Ja", sagte Frau Kleinschmidt. „Die Meike. Bis jetzt war sie bei ihrer Oma. Sie ist neun, wie ihr Rudi. Und deswegen bin ich auch hergekommen."

„Iiiih, ein Mädchen", dachte Rudi und schmierte sich ein Wurstbrot.

Frau Kleinschmidt räusperte sich, trank ein bisschen Tee und fuhr dann fort.

„Ich habe Schichtarbeit mit wöchentlichem Wechsel. Und wenn ich Frühschicht habe, dann kann ich Meike nicht in die Schule bringen."

Rudis Mutter sah erstaunt auf. „Was manche Mütter sich doch für Sorgen machen", dachte sie.

„Ach, an den Schulweg, da wird sich die Meike schnell gewöhnen."

„Das glaube ich nicht", sagte Frau Kleinschmidt leise.

„Und darum wollte ich fragen, ob vielleicht Rudi sie bringen könnte, bis ich eine andere Lösung gefunden habe."

„Bringen?" fragte der Vater.

„Klar, können die Kinder anfangs zusammen gehen, hm? Was meinst du, Rudi?"

„Ja!" Rudi hatte gerade den Mund voll.

„Das ist es nicht", sagte Frau Kleinschmidt. Und man merkte, wie viel Mühe es sie kostete.

„Meike kann nicht alleine gehen, weil sie im Rollstuhl sitzt."

Mit dem Ausdruck von Staunen und Mitleid, den sie so gut kannte, sahen jetzt alle zu ihr hin.

„Selbstverständlich wird Rudi das machen", beeilte sich Herr Rosental zu sagen.

„Er muss dann zwar ein bisschen eher aufstehen, aber das tut ihm nur gut."

Der Vater lachte Rudi aufmunternd zu. Rudi bekam rote Ohren. Das war immer ein Zeichen dafür, dass seine Gefühle Boogie-Woogie tanzten, während er hilflos daneben stand.

Am liebsten hätte er geschrien: „Auf keinen Fall mach' ist das!" Aber als „guter Junge" der Familie Rosental traute er sich das natürlich nicht. Er starrte auf das Radieschen in seiner Hand und gab so etwas wie „hm, hm" von sich.

„Es wäre mir wirklich eine sehr große Hilfe. Und vielleicht kann ich auch irgendetwas für Sie tun?"

Frau Kleinschmidt sah Frau Rosental fragend an.

„Aber nein, das macht doch keine Mühe. Rudi geht doch sowieso zur Schule. Und einen Berg gibt es auch nicht auf dem Weg."

Mutter versuchte kein großes Tamtam darum zu machen.

„Hat die eine Ahnung", dachte Rudi. „Und wie kamen sie überhaupt dazu, so über ihn zu bestimmen? Das war doch nicht seine Schuld, dass Meike nicht laufen konnte und ihre Mutter Frühschicht hatte." „Darf ich aufstehen?" fragte er und ging in sein Zimmer.

Am nächsten Morgen ging Rudi mit seiner Mutter in die Nachbarwohnung. Die Tür war offen und Meike saß schon fix und fertig in ihrem Rollstuhl. Sie sah gar nicht so übel aus, fand Rudi.

„Hey", sagte er. „Dann gehn wir also."

Zum Glück wohnten sie ebenerdig. Bis zum Laden ging Rudis Mutter mit, den Rest gingen sie alleine. Im Schulhof wartete schon die Klassenlehrerin und begrüßte sie. Meike wurde der Klasse vorgestellt und bekam einen Platz am Rand, direkt hinter Rudi.

„Ich finde das sehr nett Rudi, dass du Meike morgens mit in die Schule bringen kannst. Mittags holt sie ja dann ihre Mutter ab", sagte die Lehrerin. Rudis Klassenkameraden grinsten.

„Rudi wird Sanitäter", flüsterten sie. Und: „Hallo, Onkel Doc". Und in der Pause nannten sie ihn Dr. Brinkmann, Dr. Sommer und Dr. Frank, „dem die Frauen vertrauen". All das hatte Rudi schon befürchtet. Aber jetzt wurde er stur. „Ihr könnt mich mal!"

Meike saß die meiste Zeit da wie ein verängstigter Vogel im Nest. „Ich bin unsichtbar", schien sie zu sagen. Aber das hielt viele Mädchen nicht ab, sich mit ihr zu unterhalten und sie mit auf den Schulhof zu nehmen.

Rudi hingegen unterhielt sich nicht viel mit ihr. Den Weg legten sie meist schweigend zurück und manchmal hatte Rudi gute Lust, den Rollstuhl einfach an einer Ecke stehen zu lassen. Aber das tat er natürlich nicht. Zuverlässig war er schon. Und so ging die erste Woche rum. Der Rollstuhl war das einzige Bindeglied zwischen Rudi und Meike.

Dann war eine Woche Pause, weil Meikes Mutter jetzt Spätschicht hatte. Das war günstig für den Schulweg. Aber Meike hatte das nicht so gern, weil sie dann abends alleine bleiben musste.

Rudi genoss seine Freiheit. Das frühe Aufstehen behielt er bei und kickte vor der Schule. Jeder gewöhnte sich bald an die neuen Tatsachen. Was sein muss, muss sein.

Es muss leider gesagt werden, dass Rudi kein guter Schüler war. Hausaufgaben waren ihm ein Greuel. Nur selten konnte er sich dazu überwinden. Und dass man etwas lernen konnte, was einem nicht von selbst im Gedächtnis blieb, das hielt er für ausgeschlossen. Den Lehrern gab das Anlass zu Sorge und Ärger.

Einmal, als die Wiederholung des großen Einmaleins dran war, fragte die Lehrerin: „Rudi, was ist dreizehn mal sieben?"

Rudi stand auf und überlegte. Die Dreizehnerreihe konnte man nicht mit Hilfe der Finger abzählen. Aber die Siebener. Zehn mal sieben ist siebzig und drei mal …

„Rudi!" rief die Lehrerin. „Was träumst du Schönes?"

Rudis Ohren wurden rot. Er hörte die Klasse kichern. Er hörte aber auch ganz leise hinter sich: Einundneunzig.

„Einundneunzig", sagte Rudi.

„Na bitte! Was lange währt wird gut." Die Lehrerin freute sich. „Gleich noch eine, weil's so schön war: Was ist vierzehn mal neun?"

Diesmal dachte Rudi nicht lange nach, sondern lauschte auf die leise Stimme.

„Hundertsechsundzwanzig", sagte er laut.

Die Lehrerin gab sich zufrieden. „Es geht ja. Wenn du weiter so machst, wirst du vielleicht doch noch versetzt."

Rudi setzte sich wieder. Seine Ohren waren noch röter geworden. Er wusste sehr gut, wer ihm das zugeflüstert hatte. Aber er drehte sich nicht um.

Nachmittags klingelte es an Kleinschmidts Tür. Rudi stand draußen mit einem Schulheft.

„Ich muss noch mal einkaufen gehen. Aber du kannst gerne bei Meike bleiben", sagte Frau Kleinschmidt. Rudi ging in Meikes Zimmer. Eigentlich wollte er ihr eine Lakritzschnecke schenken. Aber er traute sich nicht. Das war doch irgendwie peinlich.

„Hast du schon Mathe?" fragte er.

Meike hatte. Und sie sagte Rudi auch einige Tricks, wie man das große Einmaleins besser behalten konnte. Bei neunmal musste man zum Beispiel immer zehnmal rechnen und dann einmal abziehen. Das fand Rudi praktisch.

Dann schob Meike ihm ihr Heft hin. „Du kannst die Aufgaben ruhig abschreiben, wenn du willst", sagte sie. Es gefiel ihr, dass Rudi an ihrem Schreibtisch saß und schrieb.

„Danke", sagte Rudi. „Und dann bis morgen!"

„Ist gut."

Das wiederholte sich jetzt jeden Tag. Und es blieb nicht bei Mathe. Rudi fand Schulaufgaben gar nicht mehr so schwer und die Lehrer wunderten sich, warum Rudi plötzlich solche Fortschritte machte.

„Woher kannst du denn das alles?" fragte Rudi, nachdem er sich doch noch getraut hatte, Meike die Lakritzschnecke zu schenken.

„Ach weißt du, ich habe ja viel mehr Zeit als du", antwortete Meike.

Darüber musste Rudi noch am Abend nachdenken. Er selber rannte nach den Hausaufgaben immer schnell zu seinen Freunden nach draußen.

Die Lehrerin hatte die Mathehefte eingesammelt, um die Hausaufgaben zu korrigieren und zu sehen, ob sie ordentlich geführt waren. Zufällig las sie Rudis direkt hinter Meikes. Und da fiel ihr etwas auf. Ein ungewöhnlicher Flüchtigkeitsfehler war bei beiden gleich. Sie blätterte zurück und fand heraus, dass sich die beiden Hefte glichen, wie ein Ei dem anderen. Nur war das von Meike schöner geschrieben. Sie hielt inne und dachte über das Leben dieser beiden Kinder nach. Was würde geschehen, wenn sie ein Verbot aussprach?

Schließlich lächelte sie und schrieb unter Rudis Heft:

„Schreib ruhig weiter ab. Da lernst du viel dabei."

Der weise Spruch der Lehrerin bewahrheitete sich. Rudi schrieb weiter ab und lernte so viel dabei, dass er gut versetzt werden konnte und mit Meike zusammen aufs Gymnasium wechselte. Seine Eltern waren sehr erstaunt.

„Wer ist denn dein bester Freund?" fragte die Mutter mit einem kleinen Hintergedanken.

„Meine besten Freunde sind Gerd, Stefan, Michel und Jochen", sagte Rudi. Und dann fügte er mit Überzeugung hinzu: „Aber der wichtigste ist die Meike. Da hab ich echt Schwein gehabt!"

Tierfreundschaften

Der Feuerkopfsüßsaftlecker

Kinder, es gibt Tiere, die gibt's gar nicht – denkt man. Aber es gibt sie doch. Vielleicht nicht gerade hier bei uns, aber in Südamerika, Australien oder sonst wo. Ich denk da zum Beispiel an den Feuerkopfsüßsaftlecker, der mit dem Pfeifhasen befreundet war.

Als das dem Pfeifhasenclan zu den langen Ohren kam, riefen alle: „Junge, du hast wohl einen Vogel!"

„Das könnt ihr laut sagen", pfiff der kleine Pfeifhase.

„Mein Freund, der Feuerkopfsüßsaftlecker ist der schönste und klügste Vogel in unseren Bergen. Ich wüsste nicht, was daran schlecht wäre, ihn zum Freund zu haben."

Die Pfeifhasen zupften eifrig Wolle, um ihre Höhlen für den Winter auszupolstern. Es gab auch sonst reichlich zu tun, denn es mussten ja auch Vorräte für die kalte Jahreszeit angelegt werden.

„Also, hör auf rumzuspinnen und tu lieber deine Arbeit!" mümmelten die Hasen griesgrämig.

„Feuerkopfthüththaftlecker! Das itht doch kein Name für einen Freund!" lispelte die Hasentante.

Der kleine Pfeifhase zupfte ein wenig Wolle und machte ein wenig Polsterarbeiten. Aber dann war er doch wieder in den Büschen des Berghanges verschwunden, um mit seinem Freund zu spielen.

„Stell dir vor", rief der Feuerkopfsüßsaftlecker schon von weitem.

„Meine Mama hat gesagt: Bei dir pfeift's wohl, dass du dir einen Pfeifhasen zum Freund suchst. Aber ich hab gesagt: Der Pfeifhase ist der netteste und klügste Hase vom ganzen Bergland. Und außerdem kann er pfeifen, fast wie ein Vogel."

„Das hab ich auch gesagt", pfiff der Pfeifhase.

„Dass du der netteste und klügste bist?"

„Nein, natürlich du! Von dir hab ich das gesagt, ich meine über dich."

Der kleine Hase war ganz aufgeregt. Der Feuerkopfsüßsaftlecker lachte.

„Fang mich doch!" rief er und flog ganz dicht über den Boden und knapp über die Büsche. So spielten sie bis zum Abend.

Das ging so einige Wochen. Und es half gar nichts, dass die Mutter des einen und die Verwandten des anderen diese Freundschaft verbieten wollten.

Dann kam der Winter. Die Hasen verkrochen sich in ihre Höhlen und die Vögel in ihre Nester und Baumstämme. Der Schnee deckte die Berge und Täler mit einer dicken weißen Decke zu. Kaum ein Laut war zu hören. Die Welt schien zu schlafen. Lange Zeit sahen und hörten die Freunde nichts von einander.

Es war ein außergewöhnlich langer und kalter Winter und allmählich ging den Pfeifhasen das Futter aus. Von großem Hunger getrieben, wagte sich der kleine Pfeifhase vor die Höhle. Aber im tiefvereisten Schnee war nichts Essbares zu finden. Enttäuscht wollte er schon aufgeben, da hörte er plötzlich ein Surren über sich. Das war niemand anderes als der Feuerkopfsüßsaftlecker, der sich um seinen kleinen Freund Sorgen gemacht hatte.

Nun ist es die Art dieser Vögel, dass sie die Rinde bestimmter Zweige abschälen, um die darunterliegende feuchte Rindenschicht zu verspeisen. Auch im kältesten und längsten Winter finden sie so ihre Nahrung. Der Feuerkopfsüßsaftlecker brachte nun seinem Freund, dem kleinen Pfeifhasen, solche Zweige und zeigte ihm, wie man die harte Rinde abschält und die weiche, saftige knabbert. Denn im tiefen Schnee kann man zwar schlecht hoppeln, wohl aber gut über ihn hinweg fliegen. Wenn der eisige Wind anfing zu rasen, nahm der Pfeifhase seinen Freund mit in seine mollige Höhle und zu zweit knabberten sie einträchtig an den geschälten Zweigen. Auch die anderen Hasen im Bau bekamen etwas ab und so überlebten alle diesen schrecklichen Winter.

Das gab den Pfeifhaseneltern zu denken. „Man sollte den Kindern doch zutrauen, sich ihre eigenen Freunde zu suchen", sagten sie. Und wenn sie Frau Feuerkopfsüßsaftlecker im Bergwald herumfliegen sahen, grüßten sie freundlich.

„Feuerkopfthüththaftlecker!" lispelte die Pfeifhasentante und leckte sich den letzten Rest Süßholz vom Schnäuzchen. „Was für ein ungewöhnlich netter Name für einen Freund und Spielkameraden."

Pfeifhase ließ sich weiter von Feuerkopfsüßsaftlecker necken, indem der tief über die Erde und die Büsche flog. Eigentlich ist es für einen Hasen unmöglich einen Vogel zu fangen. Aber manchmal ließ Feuerkopfsüßsaftlecker es geschehen, aus Nettigkeit, und weil er sich so gerne mit seinem kleinen Freund im nun trockenen Frühlingssand wälzte und plusterte.

Herr Fuchs und Frau Storch

Herr Fuchs hatte seine Liebe zu Frau Storch entdeckt. Nein, nein, nicht was ihr denkt! Er hatte sie zwar zum Fressen gern, aber es war ihm schon klar, dass er sie nicht verspeisen konnte. Denn das wäre ein sehr kurzes Vergnügen gewesen, im Vergleich zu einer lebenslangen Freundschaft. Und von so einer Freundschaft träumte Herr Fuchs, wenn nicht gar von mehr.

Bei allen Füchsinnen der Gegend hatte er bisher kein Glück gehabt. Entweder mochten sie ihn nicht oder waren zu anspruchsvoll oder zu hässlich oder was weiß ich noch alles. Jedenfalls hatte er von ihnen die Nase voll, im wahrsten Sinne des Wortes.

Frau Storch hingegen war von unbeschreiblicher Eleganz, immer schick gekleidet, immer freundlich und gesprächig. Wirklich mal was anderes in dem ewigen Einerlei des Waldes. Kurz: Herr Fuchs konnte nur noch an sie denken. Aber wie es ihr begreiflich machen?

Schließlich fasste Herr Fuchs sich ein Herz und nach einem schönen Ausflug über die Sommerwiesen sage er: „Frau Storch, ich würde Sie gerne zum Essen einladen. Wenn Sie gestatten und es Ihnen recht ist, morgen Abend bei mir zu Hause?"

Frau Storch schien Herrn Fuchs auch zu mögen. Jedenfalls sagte sie zu, indem sie eifrig mit dem Kopf nickte und ein fröhliches Geklapper hören ließ.

Besagter Abend kam heran und Frau Storch flog in den Wald. Herr Fuchs hatte auf seiner Veranda gedeckt. Er hatte sich wirklich alle Mühe gegeben, die köstlichsten Speisen vorbereitet und sich extra noch nach dem Lieblingsessen von Frau Storch erkundigt. Froschbraten natürlich. Das war nicht ganz Herrn Fuchs' Geschmack, aber was tut man nicht alles aus Liebe.

Es hat alles so gut angefangen und endete doch mit einem Desasster! Herr Fuchs hatte zwar köstliche Speisen zubereitet, aber alles auf flachen, glatten Porzellantellern serviert. Mit ihrem langen spitzen Schnabel konnte Frau

Storch da gar nichts in ihren Magen kriegen und stocherte nur mühsam im Essen herum. Zu sagen traute sie sich nichts und verließ schließlich fluchtartig den Tisch. Herr Fuchs war verzweifelt.

„Zu schade", dachte Frau Storch, denn sie fand das rote Fell von Herrn Fuchs sehr hübsch und wäre herzlich gern mit ihm befreundet gewesen. „Statt vieler Worte sollte ich ihn vielleicht mal zu mir zum Essen einladen. Vielleicht wird dann noch alles gut."

Gesagt, getan. Natürlich war Herr Fuchs begeistert. Er sagte zu und kam zur Strandparty von Frau Storch. Aber oh Weh! Frau Storch hatte das Essen wie immer in hohen schmalen Kelchgläsern serviert. Herr Fuchs, der nicht das Glück hatte einen Schnabel zu besitzen, schlich hungrig und traurig davon. Frau Storch hatte keine Ahnung warum.

Hätten die beiden nur miteinander geredet, ja dann hätten sie gewiss einen Kompromiss gefunden. Sie hätten zum Beispiel zweierlei Geschirr verwenden können, damit jeder zu seinem Recht kommt. Dann gäbe es heute vielleicht Fuchsstörche und Storchfüchse. Das wäre doch mal was Neues!

So aber wurde ein Paar geschieden, ehe es überhaupt geheiratet hatte und zwei gebrochene Herzen blieben übrig. Es hat nicht einmal zu einer guten Freundschaft gereicht, nur weil sie nicht miteinander geredet haben. Denn die Vorlieben und Gewohnheiten des einen müssen ja nicht notwendig auch die des anderen sein. Verliebtheit allein genügt eben nicht.

Angelina

Langsam wurde es Sommer und in den Hügeln weideten die Schafe. Auch sie bewegten sich langsam, denn Gras zu rupfen und sich auch die köstlichen Kräuter schmecken zu lassen, war ihre Hauptbeschäftigung und zur Zeit ihr Lebenszweck. Es sei denn Tobi, der flinke Colly, trieb sie rennend und bellend zur Eile an. Das geschah aber nur abends, wenn sie in den Pferch getrieben werden sollten. Oder morgens, wenn es galt, eine schöne neue Weide zu finden. Über allem aber wachte Meda, der Hirte.

Manche Menschen denken ja, dass Schafe alle gleich aussehen. Diese Menschen haben aber nicht richtig hingeschaut. Antonella zum Beispiel, hatte eine lange dünne Nase, während Agathas Gesicht rund und breit war. Fioretta hatte Locken auf der Stirn und Vincentia erkannte man sofort an ihren großen, weit auseinander liegenden Augen. Die niedlichste von allen war Angelina, ganz jung noch und von allen geliebt. Ihre beste Freundin war Paola, ein Schaf mit gutmütigem Blick und lustigem Gesichtsausdruck. Schäfer Meda kannte sie alle, kannte ihre Namen und ihren Gemütszustand und wusste auch, welche Kräuter ihnen guttaten wenn sie krank waren. Schon als Kind war er mit den Schafen gewandert. Schafe waren ihm besser vertraut als Menschen. Er hielt sie für bessere Wesen und glaubte, dass Menschen viel von seinen Schafen lernen könnten, wenn sie sich nur Zeit nehmen würden.

Orlando zum Beispiel, war ein ganz junger Schafbock. Aber wie rührend kümmerte er sich um Angelina. Mit den anderen Böcken raufte er und teilte auch Püffe an die alten Schafe aus. Aber Angelina versuchte er vor jedem Stoß zu schützen. Auch wenn Tobi das verspielte Lamm anbellte und kneifen wollte, stellte Orlando sich dazwischen und senkte drohend seinen Kopf mit den noch unsichtbaren Hörnern. Er passte auf, dass Angelina einen guten Platz im Pferch bekam und auf der Weide die saftigsten Kräuter fand. Und weil Angelina so klein, tapsig und freundlich war, neidete ihr das niemand. Paola, ihre

70

beste Freundin, hatte auch was davon, denn die zwei liefen ja meistens nebeneinander.

So verging der Frühsommer und eines Tages war Orlando verschwunden. Angelina verstand das erst gar nicht. Sie wunderte sich nur, warum sie so unsanft in den Pferch gedrängelt wurde, warum niemand ihr die frischen Kräuter zeigte, warum Tobi sie auf einmal anbellen konnte. Dann begriff sie es und fing an, nach Orlando zu suchen. Sie suchte ihn überall in der Herde und hatte kaum noch Zeit zum Fressen. Sie wurde grantig und unleidlich, schubste andere Schafe und lief am Abend extra langsam, um die Herde aufzuhalten. Mit ihrer besten Freundin bekam sie Streit. Einmal, als sie an der Tränke standen, beklagte sie sich mit lautem Meckern und beschuldigte Paola, sie vom Wasser weggedrängt zu haben. Paola war beleidigt und verstand ihre Freundin nicht mehr. Sie lief zu Antonella und das machte Angelina erst recht wütend.

„Niemand liebt mich mehr, niemand braucht mich mehr", dachte sie oder was kleine Schafe eben in so einem Augenblick empfinden. Sie rannte von der Herde weg und versteckte sich in einem Zypressenhain hinter einer dicken Mauer. Was war bloß los mit ihr?

Lange, lange stand sie da. Aber als es Abend wurde hörte sie Tobi bellen. Und dann kam Meda, der Hirte, hob sein Schäfchen auf die Schulter und ging mit ihm nach Hause. Er gab Angelina frisches Wasser und eine Hand voll Löwenzahn. Dann setzte er sich und zündete sich eine Pfeife an. Angelina schlüpfte unter sein Lodencape. Dort war es warm und sie hörte die Stimme des Hirten wie das Geplätscher eines Baches oder das Rauschen des Sommerwindes in den Myrtenbäumen:

„Angelina, Angelina. Warum bist du nur so grantig zu den anderen Schafen? Selbst deine beste Fraundin Paola nimmst du nicht aus und Tobi hat seine liebe Not mir dir. Jetzt bist du auch noch weggerannt und denkst wahrscheinlich, dass niemand in der Herde sich um dich schert. Aber glaubst du denn, dass alle von einem Tag auf den anderen anders geworden sind? Sind sie nicht alle wie immer, nur du bist anders geworden? Du siehst das sicher nicht so. Und ich will dir mal sagen, was wirklich anders geworden ist. Orlando ist nicht mehr da. In unserer Herde ist Valentino der Schafbock. Und die jungen Böcke, auch Orlando, sind jetzt groß genug eine eigene Herde zu haben. Dahin ist Orlando gegangen. Das ist der Lauf der Welt. Aber Orlando fehlt dir, weil er dein Freund war und weil er so viel für dich gemacht hat, was du jetzt selber machen musst, denn auch du bist ja größer geworden. Oder etwa nicht? Lass also nicht deine Trauer und deine Wut an anderen aus, die gar nichts dafür können, aber eben um dich herum sind. Sei ein großes Schaf, das für sich selber sorgen kann."

Meda sah unter sein Lodencape und da lag die nicht mehr ganz so kleine Angelina und schlief.

Wahrscheinlich hätte sie sowieso nichts von dem verstanden, was der Hirte erzählte. Aber irgendwie musste sie doch begriffen haben, dass auch ein Schafsleben niemals still steht, sondern sich ununterbrochen fortbewegt. Denn so freundlich wie zuvor wanderte sie weiter neben ihrer Freundin Paola über die gehügelten Weiden des Spätsommers.

Der Hofhund und die kleinen Ratten

Es war einmal ein Hund, der besaß einen kleinen Bauernhof. Jedenfalls sah es für ihn so aus, denn er war der einzige, der dort für Ordnung sorgte. Er wusste genau, wo jedermann und jederding hingehörte. Wenn etwas oder jemand nicht am richtigen Platz war, machte er nicht viel Federlesen, sondern ließ laut und deutlich seine Stimme erschallen.

Er biss auch schon mal zu, wenn es ihm nötig schien. An Ernstls Hosenbein konnte man das deutlich sehen. Dabei hatte der Ernstl bloß ein paar Äpfel mitgehen lassen wollen.

Auch Aneke, der Ziege, war es nicht gelungen, sich heimlich ins Kohlfeld zu schleichen, um sich dort den Bauch vollzuschlagen. Gleich hatte der Hund sie mit groben Worten zurückgerufen. Richtig peinlich war das.

Zu Paulinchen, der kleinen Tochter seiner Bäuerin, war der Hund allerdings immer sehr lieb. War sie auf dem Hof, so ließ er sie keinen Moment aus den Augen und stellte sich vor jede Pfütze, in die sie hätte hineinfallen können.

Nun haben Menschen ja so eine komische Art, Tiere und Pflanzen in gute und schlechte einzuteilen. Zu den einen sagen sie Blüten, weil sie schön sind oder weil später etwas Essbares, wie zum Beispiel Äpfel oder Kartoffeln daraus wird. Zu den anderen sagen sie Unkraut und reißen es aus.

Der Hund verstand das nicht. Und noch unverständlicher war ihm diese Unterscheidung bei den Tieren.

Im Frühsommer harkte die Bäuerin altes Heu und Blätter beiseite, um ein neues Beet anzulegen. Dabei fand sie eine kleine Igelfamilie: Eine Mutter mit fünf Kindern. Ach, waren die niedlich! Der Hund sah, wie die Bäuerin die jungen Igel vorsichtig in einen Korb setzte und zu einer nahegelegenen Hecke trug.

Die Igelmutter trabte ängstlich aber energisch hinterher. In der Hecke baute die Bäuerin ihnen ein neues Nest, denn Igel sind nützlich. Sie fressen Schnecken und andere Schädlinge im Gemüsegarten weg.

73

Einige Tage später, als die Bäuerin eine kleine Kiste mit Gurkensetzlingen aus dem Gewächshaus holte, fand sie dahinter eine Rattenfamilie: Eine Mutter mit fünf Kindern.

„Igittt!" rief die Frau und rannte weg, um die Katze zu holen. Der Hund war gespannt, was nun passieren würde. Und was sah er? Da wollte die Bäuerin doch tatsächlich die kleinen Rattenbabys der Katze zu fressen geben.

Na, da hättet ihr den Hund aber mal sehen sollen! Er sprang hinzu und stellte sich breitbeinig vor die hilflosen kleinen Wesen. Mit seinem ganzen Hundekörper beschützte er sie. Dazu ließ er laut und wütend seine Stimme erschallen.

Es half nichts, dass die Bäuerin den Bauer holte und der Bauer dem Hund befahl, sofort von da wegzukommen. Wenn etwas Unmenschliches geschehen soll, hat schließlich jeder Hund das Recht, den Gehorsam zu verweigern.

Drei Tage harrte der Hund vor dem Nest der kleinen Ratten aus und rührte sich nicht von der Stelle. Er fletschte die Zähne und bellte jeden wütend an, der ihm zu nahe kam. Auch der Hunger trieb ihn nicht weg. Nur Paulinchen, die ihm Wasser brachte, ließ er ran.

Schließlich waren alle von dem, wie sie meinten, ungewöhnlichen Verhalten des Hofhundes so gerührt, dass die kleine Rattenfamilie im Gewächshaus wohnen bleiben durfte. Der Bauer und die Bäuerin wurden im Dorf richtig bekannt durch diese Geschichte und der Bauer sprach mit bescheidenem Stolz von seinem Hund.

„Er hat eben gelernt, dass man die Kleinen und Schwachen beschützen muss", sagte er.

„Na, endlich hat der alte Holzkopf es auch begriffen", knurrte der Hund und ging wieder seiner gewohnten Hofarbeit nach.

Freundschaft unter jüngeren Kindern

Die allerkleinste Freundin

Simon hatte die allerkleinste Freundin der Welt. Aber sie war die beste. Wenn er kam, lächelte sie ihn an. Sie bewunderte ihn, widersprach ihm nie und war immer auf seiner Seite. Sie war der Lichtblick in seinem wechselvollen Leben. Er hatte ihr sogar ein Lied gemacht. Und das ging so:

Wenn alle zu mir garstig sind,
bist du ganz lieb zu mir,
mein Schwesterchen, mein Wickelkind,
ich glaub, du hältst zu mir.
Werd' bitte schnell ein bisschen groß,
ein kleines bisschen nur,
dann zeig ich dir,
im Garten hier,
die Käfer und das Moos.

Oft, wenn niemand hinsah, legte er den Kopf auf ihren kleinen Bauch. Sie wühlte dann mit ihren winzigen Händen in seinen Haaren und gurrte vergnügt. Sie hieß Birte, aber Simon sagte immer Birke zu ihr. Er erzählte ihr all seine Sorgen. Und die kleine Birke legte dann ein gutes Wort für ihn bei seinem Stiefvater ein. Er hatte noch nicht lange einen Stiefvater. Der war nämlich so quasi zusammen mit Birke bei ihnen eingezogen.

Einmal, ganz früher, hatte Simon Vater und Mutter gehabt. Das wusste er aber nur, weil er Fotos davon gesehen hatte. Dann hatte er lange mit seiner Mutter alleine gelebt. Dann waren sie umgezogen, die Mutter hatte eine Arbeit bekommen und weniger Zeit für Simon. Der musste in den Kindergarten gehen, zu lauter wildfremden Kindern. Und musste dann auch noch den ganzen Vormittag da bleiben! Das gefiel ihm nicht. Und jetzt hatte er auch noch einen neuen Vater bekommen. Der sah gar nicht wie ein Vater aus. Eher wie ein großer Junge.

Mutter sagte immer: „Simon! Du bist doch jetzt mein großer Junge. Mach dies, mach das. Ich muss mich wirklich auf dich verlassen können und will mit dir nicht auch noch Ärger haben."

Simon fand, dass er für den ganzen Ärger, den seine Mutter überall zu haben schien, nichts dafür konnte. Den hatte sie sich doch ganz alleine eingebrockt. Und das bisschen Ärger, das er machte, spielte doch nun wirklich keine Rolle. Deswegen brauchte sie doch nicht immer so schnell sauer sein.

Gott sei Dank, dass es Birke gab.

Einmal kam im Kindergarten das Gespräch auf den besten Freund oder die beste Freundin. Zuerst sagte Simon gar nichts. Aber als er gefragt wurde, wer denn sein bester Freund sei, sagte er: „Mein Baby."

„Der Simon hat ein Baby!" Das fanden die Kinder schon mal komisch. Und dann sagte Katrin:

„Babys können doch keine Freunde sein. Die können doch nicht sprechen."

„Meins kann aber sprechen", behauptete Simon. Das glaubte natürlich keiner.

„Dann wollen wir mal zu dir kommen und das hören."

Aber Simon sagte, das täte das Baby am Abend, wenn alle ins Bett müssten und darum ginge es nicht.

„Flunkerer, Flunkerer", riefen die Kinder.

Auch die Erzieherin meinte, in ihrem „Ersten Buch vom Körper" stünde doch, dass Babys erst mit einem Jahr anfangen zu sprechen. „Wie alt ist denn dein Baby und wie heißt es überhaupt?"

„Mein Baby heißt Birke und sie ist drei Monate alt, glaube ich. Und wenn du es nicht glaubst, dann kannst du ja mal heute Abend zu mir kommen. Du musst ja nicht so früh ins Bett."

Das wollte die Erzieherin sich überlegen.

Aber die Kinder hatten genug von einer Birke, die ein Baby war und sprechen konnte. Sie ließen diesen neuen Simon stehen und gingen wieder nach draußen spielen.

Am Abend ging die Erzieherin zu Simons Haus, denn sie wollte so gerne, dass er sich im Kindergarten besser heimisch fühlte. Simon wartete schon auf sie am Gartentürchen.

„Komm, wir müssen durch mein Fenster steigen", sagte er leise.

„Warum denn das?"

„Damit wir sie belauschen können."

Obwohl sie es eigentlich nicht so recht wollte, stieg Frau Solms, die Erzieherin, mit Simon in sein Kinderzimmer ein. Da setzten sie sich hin und hörten zu, wie der Stiefvater im Nebenzimmer die kleine Birte ins Bett brachte.

„So", sagte der Vater gerade. „Jetzt mach mal schön Bäuerchen, meine Kleine."

Er klopfte ihr auf den Rücken und das Baby rülpste.

„Denk mal, Birte", fuhr er dann fort. „Heute hat der Simon die Milch verschüttet, hat die Mama gesagt."

Das Baby gurrte.

„Das findest du nicht schlimm? Ich finde das aber ganz schön tapsig."

Das Baby giggelte.

„Du lachst Birte?" fragte der Vater. „Ach, du verkleckerst auch so viel? Na ja, gut. Aber sein Zimmer hat er auch wieder nicht aufgeräumt, der Bursche."

Das Baby gurrte wieder vergnügt und gab auch noch andere Tönchen von sich.

„Was sagst du da? Dir täte die Mama auch immer dein Zimmer aufräumen? Ach, hör mal. Du bist ja schließlich noch ein Baby und kannst dein Zimmer noch nicht aufräumen."

Der Vater ging jetzt zum Wickeltisch und wechselte die Windeln. Das Baby brabbelte vor sich hin.

„Ach, der Simon ist auch noch nicht der Größte, meinst du? Und schimpfen hilft gar nichts?"

Jetzt krähte das Baby vergnügt.

„Was erzählst du denn jetzt? Ich soll ihm mal beim Aufräumen helfen und ihm zeigen, wie's am schnellsten geht? Tja weißt du, das wird er gar nicht wollen, weil ich doch bloß sein Stiefvater bin."

Das Baby gurrte wieder.

„Aha, du findest ich soll's einfach mal versuchen, obwohl er so finster guckt? Was? Ach, du findest er ist der beste Bruder und sieht so süß aus mit seinen Strubbelhaaren? Na, das darfst du ihm aber nicht sagen, sonst wird er noch eitel. Oder er ist vielleicht beleidigt. Aber ich werd' es mal versuchen mit dem Aufräumen. Und jetzt schlaf schön, mein Mäuschen. Gute Nacht."

Der Vater legte Birte in ihre Wiege. Frau Solms und Simon stiegen wieder aus dem Fenster und gingen um das Haus herum und zur Vordertür wieder rein.

„Nun?" fragte Simon. „Glaubst du's mir jetzt?"

„Ja! Jetzt glaube ich, dass du die allerkleinste und beste Freundin von der Welt hast. Aber weißt du überhaupt, dass du auch einen besten Freund hast?"

Simon dachte nach. „Meinst du ... meinst du etwa ...?"

„Ja", sagte Frau Solms.

„Das meine ich. Und ich zum Beispiel wäre sehr froh, wenn mir jemand beim Zimmeraufräumen helfen würde. Dem würde ich eine große Chance geben."

„Hmm", machte Simon und die Welt schien auf einmal nicht mehr grau, sondern angefüllt vom goldenen Gurren und Giggeln seiner Birke.

„Ein bisschen ist sie ja auch Papas Birke", sagte er, als sie dann alle zusammen die neuen Möglichkeiten besprachen. Und das war das erste Mal, dass Simon Papa sagte.

Die kleine Birke wuchs und wurde groß und größer. Aber sie hörte nie auf, ihren Bruder zu bewundern und immer auf seiner Seite zu sein. „Was für ein Glück hatte ich doch", dachte Simon später oft. „Das vergess' ich nie im Leben."

Und auch seine Mama war darüber sehr froh.

Die beste Bestefreundin der Welt

Als Marie in den Kindergarten kam, war sie noch sehr klein, erst drei Jahre alt. Sie wollte aber unbedingt in den Kindergarten gehen, so wie die größeren Kinder im Haus. Ein bisschen verloren fühlte sie sich aber schon, stand oft herum und wusste nicht, womit sie spielen wollte. Alle anderen waren so schnell und so laut. Wenn sie erst lange überlegen musste, ließen sie sie einfach stehen. Nicht etwa, weil sie böse waren, sondern weil sie so sehr mit ihren eigenen Ideen und Wünschen beschäftigt waren. Dann ging Mariechen manchmal in die Puppenecke, legte sich einfach hin und schlief ein bisschen.

Nach einiger Zeit kam wieder ein neues Kind in den Kindergarten. Das war Lena. Sie war auch erst drei Jahre, war auch schüchtern und langsam. Während sie noch überlegte, was sie eigentlich spielen wollte, waren die anderen Kinder oft schon auf und davon. Da ging sie dann in die Puppenecke, setzte sich hin und sah Mariechen beim Schlafen zu.

So ging das eine ganze Weile. Die Erzieherin wollte sich schon Sorgen machen. Aber eines Tages wachte Marie plötzlich auf, weil der Robert so laut geschrien hatte. Sie sah Lena da sitzen und fragte:

„Machst denn du hier?"

„Sitzen", sagte Lena.

„Immer?" fragte Marie. Lena nickte. Marie dachte nach.

„Wollen wir mal spielen?" fragte sie. Lena nickte wieder.

Da bauten sie zusammen die Puppenecke um. Sie packten und räumten den ganzen Vormittag, bis es Zeit war, nach Hause zu gehen.

Am nächsten Tag lächelte Lena Mariechen zu. Da war der Tag gleich wunderschön. Beide fassten sich an der Hand und rannten in die Puppenecke. Diesmal schlief Marie nicht und Lena saß nicht nur da und schaute zu. Gleich fingen sie an die Puppen an- und auszuziehen und so weiter und so weiter. Als die Frühstückspause kam, setzten sie sich nebeneinander, ganz eng. Das machten sie jetzt immer so. Jede passte auf, dass die andere auch ihren Früchte-tee bekam und manchmal tauschten sie sogar ihr Frühstücksbrot.

Manchmal brachte Marie Lena einen Bonbon mit. Und dann wieder brachte Lena Marie ein Schokolädchen mit oder eine Waffel.

„Wenn ich mal groß bin, dann habe ich einen Bonbonladen", sagte Marie.

„Ich auch", sagte Lena.

„Wir zusammen", bestätigte Marie. Und beide rückten noch enger zusammen und kicherten vergnügt.

Einmal, als sie gerade die Puppenkinder ins Bett bringen wollten, kam der wilde Robert gerannt, war frech und schmiss einfach alle Puppenbetten um. Mariechen weinte. Robert lachte. Und dann kam auch noch der große Max dazu und klopfte blöde Sprüche.

Zuerst wollte Lena auch weinen. Die Tränen brannten ihr schon in den Augen. Aber dann, als sie ihr geliebtes Mariechen weinen sah, nahm sie sich ein Herz und Marie bei der Hand. Wundersamer Weise machte die kleine Hand von Marie sie stark. Und erstaunt hörte sie sich ganz energisch sagen:

„Das brauchen wir uns von euch nicht gefallen zu lassen!"

Alleine hätte sich wahrscheinlich keine von ihnen getraut etwas zu sagen. Aber jetzt merkten sie, dass sie zusammen stark waren. Zwei Mädchen, die sich fest an der Hand halten, übersieht man nicht so leicht, auch wenn sie klein und schüchtern sind.

Eine Lena ohne Marie oder eine Marie ohne Lena sah man jetzt nirgends mehr.

Das fiel nicht nur der Erzieherin auf, die darüber sehr froh war. Sagte zum Beispiel Robert:

„Du, Marie, braucht ihr nicht in der Puppenecke auch mal einen Vater?"

Dann sah Marie Lena an und wenn die nickte, dann sagte auch Marie „Ja". So war das nun mal.

Die ganze Kindergartenzeit blieben Lena und Marie beste Freundinnen.

Dann zog Lena in einen anderen Stadtteil und ging auch dort zur Schule. Aber noch oft besuchten sich die beiden und luden sich zu jedem Geburtstag ein. Später trennten sich ihre Wege ganz, denn leider können Kinder nicht bestimmen, wo sie wohnen wollen.

So kam es auch nicht dazu, dass die beiden Mädchen zusammen einen Bonbonladen eröffneten. Aber immer, wenn eine von beiden gefragt wurde: „Hast du eine beste Freundin?" dann lächelte sie und sagte: „Ich hatte mal eine. Das war die beste Bestefreundin der Welt. Ich werde sie nie vergessen."

Der Ball

Im dritten Stock wohnte jetzt Halima. Sie hatte noch keinen Kindergartenplatz bekommen und darum wurde ihr der Tag oft lang. Weiter unten im Haus wohnten auch Kinder. Das konnte man hören.

„Willst du nicht mal runter gehen und mit ihnen spielen?" fragte Halimas Mama.

Aber Halima schüttelte den Kopf. Sie kannte diese Kinder doch gar nicht.

Nach dem Mittagessen saß Halima meistens auf der Treppe und lauschte nach unten. Die Kinder liefen herum, riefen einander zu, rannten auf den Hof, kamen wieder herein, riefen sich wieder etwas zu und verschwanden, Türen knallend, in ihren Wohnungen. Manchmal sah Halima eine Hand auf dem Treppengeländer oder einen Wuschelkopf, der sich zum nächsten Stockwerk hinunterbeugte und rief: „Kommst du spielen?"

„Wir gehen raus", tönte es dann wohl von unten und ein eifriges Getrappel war zu hören.

Von draußen tönten die Liedchen und Spiele zu Halima herein. Es klang lustig.

Manchmal nahm Halima ihre Puppe mit auf die Treppe, um ihr zu erzählen, was da unten vor sich ging oder vielmehr, was sie sich vorstellte, was die Kinder da unten machten.

Einmal nahm sie auch ihren Ball mit, einen großen, roten. Den hatte sie besonders gern, weil die Oma ihn ihr zum Abschied geschenkt hatte. Auf den untersten Treppenstufen, im Erdgeschoss also, saßen die Kinder und schwatzten. Halima hörte ihnen zu, obwohl sie wenig verstand.

Aber was war das? Der rote Ball machte sich auf einmal selbstständig, hüpfte die Treppe hinunter, rollte über den Treppenabsatz, prallte gegen die Wand und war mit einem Satz auf der zweiten Treppe. Nun gab es kein Halten mehr. Hopp, hopp, hopp rannte der Ball die ganze Treppe hinunter.

„Huch!" riefen die Kinder.

„Was kommt denn da?"

Halima war starr vor Schreck. Zwei Gefühle kämpften miteinander in ihrer kleinen Brust. Einerseits hatte sie große Angst, da hinunter zu den Kindern zu gehen. Andererseits wollte sie unbedingt ihren geliebten Ball wiederhaben. Schließlich nahm sie sich ein Herz und lief dem Ball nach. Zuerst langsam und dann immer schneller.

„Huch!" riefen die Kinder.

„Da kommt ja noch was."

Halima stand da, war außer Atem und sagte nichts.

„Gehört der Ball dir?" fragte Mattis.

Er war der Einzige, der schon ein Schulkind war.

Halima überlegte, was sie sagen könnte. Und dann sagte sie:

„Kommstu pielen?

Wia gen raus.

Tüss bis morgen."

Das klang wie die Mechanik einer Sprechpuppe.

Zuerst stutzten die Kinder. Dann fingen sie an zu lachen. Sie lachten und lachten. Und schließlich sagte Mattis: „Ach so, du kannst noch kein Deutsch."

Und während er weitersprach, zeigte er auf sich und alle Kinder, Halima eingeschlossen. Wie beim Abzählen. Dann zeigte er nach draußen und dann ließ er den Ball in seiner Hand hopsen. Das hieß:

„Sollen wir alle mal mit deinem Ball draußen spielen?"

Das verstand Halima. Sie wurde rot und nickte glücklich. Dann rannten alle raus und spielten „Fang den Ball". Halima konnte gut fangen. Besser als Steffen. Der musste oft in die Mitte, weil er den Ball fallen gelassen hatte. Da wurde er wütend und fing an ihn zu kicken. Halima hatte Angst um ihren Lieblingsball und wollte schon anfangen zu weinen.

Aber Mattis sagte: „Das ist doch kein Fußball. Au Mann, bist du blöd!"

„Genau!" riefen alle drei Mädchen.

Ehe das jedoch in einen Streit oder gar eine Prügelei ausarten konnte ging ein Fenster auf, eine Mutter steckte den Kopf heraus und rief: „Essen kommen!"

Da rannten alle Kinder ins Haus. Mattis gab Halima den Ball zurück, lachte und sagte:

„Tschüss, bis morgen!"

„Tüss, bis morgen!" sagte Halima, nahm den Ball unter den Arm und stapfte die ganzen Treppen hinauf. Man konnte richtig hören, wie stolz sie war.

Oben stand Halimas Mama in der Tür und lächelte ihr zu. Aus der Küche kam der Duft von Fladenbrot.

Betreten V und Heffalump

Judy hatte einen neuen Freund. Der war zwar vier Jahre älter als sie, nämlich schon acht. Aber das machte ja nichts, oder? Er hieß Victor und war eines Tages mit seinen Eltern zu Besuch gekommen. Die Großen kannten sich schon von früher und nun lernten sich auch die Kinder kennen.

„Du heißt ja wie der Großvater von Ferkel, eigentlich", sagte Judy.

Victor wusste weder was das eigentlich, noch was das Ferkel sollte.

„Wie wer?" fragte er verständnislos.

„Komm mal mit, ich zeig's dir."

Judy zog ihn an der Hand hinter sich her ins Kinderzimmer. Dann holte sie das Buch von Winnie Puuh hervor, blätterte darin herum bis sie die Seite fand, auf der ein kleiner Bär, ein Baum und ein Ferkel zu sehen waren.

„Das Ferkel wohnte in einer großartigen Wohnung inmitten einer Buche und die Buche stand inmitten des Waldes und das Ferkel wohnte inmitten der Wohnung…", las sie vor. Und dann weiter von dem zerbrochenen Schild, auf dem „Betreten V" stand und von dem Ferkel behauptete, dass das der Name seines Großvaters sei. Der hätte „Betreten Victor" geheißen, Betreten nach seinem Onkel und Victor nach Betreten.

„Siehst du, das meine ich wegen deinem Namen."

Victor war beeindruckt. Aber nicht wegen „Betreten V", was ja eigentlich „Betreten Verboten" hieß, sondern weil Judy vorlesen konnte.

„Gut, nicht?" sagte sie stolz.

„Und dann auch noch falschrum."

„Wie, falschrum?"

„Na, du hast das Buch falschrum gehalten und trotzdem alles richtig gesagt. Das könnte ich nicht."

„Ne, gar nicht falschrum." Judy war ein bisschen beleidigt.

„Das hab ich doch gemacht, damit du das Bild sehen kannst. Und übrigens weiß ich ja gar nicht, dass man Bücher bestimmtherum halten muss."

Victor wollte nett sein und sagte vorsichtig: „Musst du denn die Buchstaben nicht erkennen?"

„Ne, die erkennt mein Papa beim Einschlafen."

Ein neues Wunder. „Wie kann er das denn, wenn er grad einschläft?"

Judy verlor etwas die Geduld: „Sei doch bitte nicht so dumm, Victor. Er liest mir doch vorm Einschlafen vor!"

„Ach so, jeden Abend liest er dir aus diesem Buch vor. Und wenn er fertig ist, dann fängt er wieder von vorne an?" Allmählich verstand Victor, warum Judy alles auswendig konnte.

„Von hinten kann er ja nicht anfangen, weißt du Victor? Manchmal fragst du so wie Ferkel. Sollen wir mal Winnie Puuh spielen?"

Sie holte ihre ganzen Stofftiere und es machte ihr einen Heidenspaß, dass sie über die ganze Geschichte besser Bescheid wusste, als der große Victor. Und Victor hatte auch Spaß an dem kleinen Mädchen. Seine eigenen Geschwister waren nämlich viel größer als er.

„Ich könnte dir ja auch mal vorlesen", schlug er vor.

„Kommst du mich auch mal besuchen?"

Das fand Judy eine fabelhafte Idee.

„Betreten V ist mein bester Freund. Er kommt gleich hinter Papa und Mama und ich will bei ihm übernachten."

Victor musste erklären, was das alles zu bedeuten hatte. Judys Eltern staunten.

„Sie will wirklich ganz alleine bei Victor übernachten? Ohne ein einziges bisschen Papa oder Mama?" Sie redeten lange mit Victors Eltern. Judys Papa hatte Bedenken, ob sie wirklich die ganze Nacht in einem fremden Zimmer schlafen würde.

„Du weißt ja nur nicht, wem du dann am Abend vorlesen sollst!" neckte ihn die Mama.

„Wenn sie wirklich nicht bleiben will, dann bringen wir sie auch gerne wieder heim, natürlich! Auch mitten in der Nacht."

Victors Eltern hatten Erfahrung mit Kindern und mit Heimweh.

„Aber einmal muss halt das erste Mal sein."

Judy verstand das alles nicht. Sie wollte bei Victor übernachten und basta. Schließlich hatte dieser große, nette Junge sie eingeladen. Und das hatte vorher noch niemand getan. Also packte Judy das Nötigste in eine Tasche. Mama half ihr ein kleines bisschen dabei. Und dann ging es los.

Im Auto fragte Victor: „Willst du oben oder unten schlafen?"

„Hm? Ach so, du hast ein Übernanderschlafbett, ja?"

„Ich glaube es ist besser, wenn du unten schläfst, wegen der Fallhöhe", sagte Victor sachlich.

Das klang interessant: „Was denn für 'ne Fallö?"

„Ne, ich meine doch nur, damit du nicht runterfällst. Fall-hö-he, meine ich. Mitten in der Nacht wohlmöglich."

Aber Judy dachte schon wieder an etwas anderes. Victor konnte gar nicht so schnell mitdenken.

„Mit 'ner Falle wollten Ferkel und Puuh nämlich ein Heffalump fangen." Sie lachte.

Victor fragte jetzt lieber nicht nach, denn gerade waren sie vor seinem Haus angekommen.

„Guck, Victor, ich hab mein Kissen mitgebracht", sagte Judy dann im Kinderzimmer.

„Aber das hättest du doch nicht gebraucht. Wir haben doch auch Kissen."

„Schau, ich hab dir extra den Bezug mit den Schweinchen drauf gemacht, wegen Ferkel."

Victors Mama legte ihr ein buntes Kissen hin.

„Och, ist das schön! Wisst ihr was? Dann nehme ich zwei. Eins zum Angucken und eins zum Draufschlafen, weil, weil eure Kissen riechen eben nicht so wie meins."

Victors Mama kam das irgendwie bekannt vor.

Schon im Nachthemd holte Judy noch ihr Buch aus der Tragetasche.

„Victor, du liest mir doch noch was vor?"

„Klar, aber ich hab doch auch so viele Bücher. Soll ich nicht mal was Neues lesen?"

Judy schwieg einen Augenblick. Dann sagte sie vorwurfsvoll: „Willst du denn nichts vom Heffalump wissen?"

„Natürlich, schon. Aber das hast du doch alles schon hunderttausendmal gehört."

„Aber noch nie, nie mit dir zusammen!"

Victor war irgendwie gerührt. Noch nie hatte ihn jemand so bewundert. Er nahm das Buch und stieg in das obere Stockbett, während Judy es sich unten mit ihren zwei Kissen gemütlich machte.

„Fünftes Kapitel", begann er vorzulesen.

„In welchem Ferkel ein Heffalump trifft", ergänzte Judy.

Und Victor las weiter von Christopher Robin, Winnie Puuh und Ferkel.

„Und dann sprachen sie alle über etwas anderes, bis es für Puuh und Ferkel Zeit wurde."

Von unten hörte Victor gleichmäßige Atemzüge. Er beugte sich aus dem Bett und sah, was er schon gehört hatte: Judy schlief tief und fest. Victor klappte das Buch zu und schob es unter sein Kopfkissen. Dann schlief er auch ein und träumte von Fallgruben und Heffalumps.

Judy wachte meistens um vier Uhr in der Frühe auf und musste dann auf's Klo gehen. So auch in dieser Nacht. Aber was war das? Da, wo sie sonst immer aus dem Bett raussteigen konnte, war plötzlich eine Wand. War das nur ein böser Traum? Nein, Judy musste dringend. Also war sie wach. Allmählich fiel ihr ein, wo sie war.

„Victor, Victor!" rief sie.

Victor brummelte schlaftrunken.

„Ich kann nicht raus, Victor. Es ist wie mit dem Buch!"

„Was ist wie was?"

Allmählich kam Victor zu sich. Auch er musste sich erst überlegen, ob er träumte oder ob da wirklich jemand bei ihm im Zimmer war.

„Na, falschrum", rief Judy nun schon dringlicher.

„Du hast doch gesagt, ich halte das Buch falschrum. Bei dir ist die Wand falschrum. Und ich muss doch so nötig!"

Victor wurde hellwach, machte Licht, sprang hinunter und zeigte Judy, wie sie aus dem Bett und aufs Klo finden konnte.

Ach, so ging das! Warum die hier bloß alles so kompliziert machten. Als Judy wieder ins Zimmer kam sagte sie etwas vorwurfsvoll:

„Victor, warum hast du die Wand auf der falschen Seite vom Bett?"

„Wieso ist die falsch?"

„Na, sie gehört doch da hin!"

Und Judy zeigte energisch, wo sie eigentlich hingehörte.

„Zu Hause muss eine Wand richtigrum sein."

„Aber ich bin doch hier zu Hause", sagte Victor etwas hilflos. Aber dann fiel ihm etwas ein.

„Weißt du was? Ich mache, dass die Wand wieder richtig ist, auch für dich."

Judy schaute ungläubig: „Wie denn? Kannst du vielleicht die Wand verschieben? Oder zaubern?"

„Hokus, Pokus, Fidibus", sagte Victor und machte irgendwas an Judys Bett. „Jetzt leg dich mal rein und steh wieder auf."

Judy tat es und lachte. Es ging! Und sie bewunderte Victor noch mehr. Was war passiert?

Victor hatte einfach das Kopfkissen auf die andere Seite gelegt. Und siehe da: Die Wand war wieder an der richtigen Seite, nämlich links von Judy, da wo sie hingehörte. Man soll ja schließlich mit dem rechten Bein zuerst aufstehen und nicht mit dem linken. Das bringt ja sonst Unglück. Außerdem kennt man sich sonst überhaupt nicht mehr aus.

„Und weil ich sonst überhaupt gar nicht mehr schlafen kann, Victor", sagte Judy. „Könntest du wohl bitte mit unten schlafen? Ich gebe dir auch ein Kopfkissen ab."

Victor holte also seine Decke von oben und stieg zu Judy ins untere Bett.

„Wie wohl ein Heffalump aussieht?" fragte er.

„Ferkel und Puuh haben es nie gefangen, obwohl sie ihm eine Falle gestellt haben. Wie kam das?"

„Puuh wollte es mit Honig fangen". Judy schilderte das ganze missglückte Unternehmen.

„Aber, wie sieht denn nun ein Heffalump aus?" wollte Victor wieder wissen.

„Victor! Es gibt doch gar kein Heffalump."

„Aber, wenn es eins gäbe, wie würde es denn dann aussehen?"

Diese Frage fand auch Judy sehr interessant. Sie machten viele Vorschläge und schließlich schliefen sie darüber ein. Wahrscheinlich träumten sie davon. Vom Heffalump natürlich. Menschen, die sich gern mögen, sollen ja oft auch die gleichen Träume haben. Als jedenfalls am nächsten Morgen Victors Eltern ins Zimmer schauten, schliefen die beiden noch immer, Hand in Hand.

„Eins ist nämlich wichtig", sagte Judy, als sie wieder zu Hause angekommen war und nach ihren Erlebnissen gefragt wurde.

„Es muss alles richtigrum sein. Das Buch und die Wand und alles. Wenn es das nicht ist, dann macht Victor es. Der kann viel. Kann er auch mal bei mir übernachten?"

Von dieser Zeit an hatte Judy eine sehr gute Meinung von großen Jungen. Und das strahlte irgendwie auch zurück. Denn ein großer Junge, den Judy später bewunderte, der wollte sich natürlich auch nicht heffalumpen lassen.

Das Wildebiest

Im Kindergarten war Tieretag. Jedes Kind durfte ein Tier spielen und die anderen mussten raten, was für eins das sein sollte. Die Kuh machte muh, der Hahn kikeriki, die Katze miau und der Hund wauwau. Plötzlich erklang ein seltsames Geräusch. Jemand stieß tiefe Laute mit viel Luft aus, das klang wie ü-ü-ü. Alle sahen sich erstaunt um. Die kleine Tabea senkte ihren Kopf, schaute böse und deutete mit den Händen Hörner am Kopf an. Unglaublich, dass sie solche tiefen Laute ausstoßen konnte.

„Was soll denn das sein?" fragte einer.

Erraten konnte es niemand.

„Ein Wildebiest!" sagte Tabea stolz.

„Was soll denn das sein? So was gibt's doch gar nicht!"

„Doch, das ist ein Weißschwanzgnu!"

„So was haben wir hier nicht", sagte Regina von oben herab.

„Kannst du nicht ein normales Tier machen?"

„Ein Wildebiest ist normal!" beharrte Tabea.

Aber auch die Erzieherin sagte: „Es ist besser, wenn du dich mal bei uns ein bisschen umsiehst und nicht so mit deinem Afrika angibst."

Auch sie wusste nicht, was ein Wildebiest war. Sie hätte es sicher nie zugegeben, aber auch ihr war es nicht geheuer, dass ein vierjähriges Kind mehr wusste als eine Kindergartenleiterin. Tabea verstand überhaupt nichts mehr.

Zu Hause beklagte sie sich bei ihrer Mama. Sie wollte überhaupt nicht mehr in den Kindergarten gehen. Aber sie musste leider. Kaum war man drei Jahre, musste man immerzu. Sie musste in den Kindergarten, ihr Bruder in die Schule, die Eltern zur Arbeit.

„Wäre ich doch nur in Namibia geblieben", jammerte das kleine Wildebiest.

„In Deutschland ist es eklig!"

Eklig war eins ihrer Lieblingswörter.

„Und morgen sollen wir auch noch als Tiere verkleidet kommen."

„Na, das macht doch Spaß", ermunterte Mama.

„Was für ein deutsches Tier könntest du denn sein?"

Tabea überlegte. „Ein Reh", sagte sie kläglich, denn sie dachte, dass das doch wirklich ganz was anderes war als ein Wildebiest. Das würde sicher allen gefallen.

Mama holte ein Antilopenfell. Das sah genau wie ein Rehfell aus. Tabea konnte es sich über Kopf und Rücken hängen. Mama machte ihr noch zwei große Rehohren. Tabea fand sich richtig schön und versuchte so zierlich zu gehen wie ein Reh. Das war gar nicht so einfach, mit ihren kurzen Beinchen.

Im Kindergarten sah es am nächsten Tag wie an Fasching aus. Alle Kinder hatten hübsche Kostüme aus Stoff, Krepppapier, Watte und Wolle an. Und wieder ging das Muh und Mäh, das Wauwau und Miau los. Nur Tabea blieb stumm. Was sollte ein Reh machen. Sie versuchte, wie ein Reh zu stolzieren, aber niemand beachtete sie. Schließlich wurde sie sogar aus Versehen von Schwein und Ziege umgerannt.

„Bist du wieder so was Verrücktes?" fragte Schwein interessiert und strich zärtlich über das weiche Fell.

„Nein! Ich bin doch ein Reh!" schrie Tabea in den allgemeinen Lärm.

„Da hast du dir aber was Blödes ausgesucht", sagte Ziege.

„Rehe haben doch keine Stimme. Da kannst du ja gleich ein Fisch sein."

Und laut meckernd trabte sie davon.

Das war zu viel für das kleine Antilopenreh. Es rannte raus, versteckte sich hinter den Mänteln und Jacken, die dort hingen und fing bitterlich an zu weinen.

Nach einer Weile hörte es ein helles Bellen neben sich und lugte vorsichtig aus den Mänteln hervor. Da stand die große Katrin, die schon fünf einhalb war.

93

„Hast du so gebellt?"

„Ne, das war mein Fifi!" Katrin hielt einen langen Bindfaden in der Hand. Jetzt schwang sie ihn hin und her und rief: „Komm Fifi, komm. Mach mal Männchen. So ist's brav. Und jetzt gib Pfötchen."

Sie bückte sich und nahm eine unsichtbare Hundepfote in die Hand. Dann rannte sie im Kreis herum, immer die Schnur hinter sich herziehend.

„Ja Fifi, deinen eigenen Schwanz wirst du nie fangen." Und sie lachte.

Tabea war so fasziniert, dass sie vergas zu weinen.

„Willst du auch mal?" fragte Katrin und hielt ihr die Schnur hin. Das Antilopenfell fiel zur Erde und Tabea ergriff die Hundeleine. Tatsächlich! Fifi lief hinter ihr her, blieb dann sitzen und machte Männchen. Gerade da sah die Erzieherin zur Tür heraus.

„Was macht ihr denn hier, Katrin?" fragte sie ungehalten. Erwachsene schimpfen die Großen immer zuerst.

„Ich hab doch ausdrücklich gesagt …" Aber dann sah sie Tabeas immer noch verheultes Gesicht und wurde freundlicher.

„Na, dann kommt mal wieder rein ihr zwei, es gibt gleich Frühstück." Und sie ging zurück zu den anderen Kindern.

Katrin und Tabea sahen sich an und kicherten. Heimlich lotsten sie Fifi mit ins Zimmer und versteckten ihn hinter dem Regal mit den Legos.

„Pinkle aber hier nicht auf den Teppich", flüsterte Katrin und band seine Leine um ein Stuhlbein.

„Und bell nicht auf einmal", flüsterte Tabea.

Dann setzten sich die beiden Mädchen an den Frühstückstisch und tranken ihren Früchtetee, so, als ob nichts gewesen wäre.

Als Mama zum Abholen kam war sie ganz erstaunt, dass Tabea heute so vergnügt war.

„Hat den andern das Reh denn gefallen?" fragte sie.

„Ne, aber darf Katrin mich heute Nachmittag besuchen kommen?"

Das war offenbar das große Mädchen, das neben ihr stand und mit einem Bindfaden spielte.

„Ja, gerne", sagte Mama.

„Und Fifi auch?"

„Na, ja." Mama zögerte etwas und überlegte, ob sie genug Brezeln für so viele Leute gekauft hatte.

Nach ein paar Tagen wusste sie es natürlich besser und hatte immer Hundefutter in Form von Puffreis oder getrockneten Aprikosen im Haus. Das ist nämlich das Lieblingsfutter von unsichtbaren Hunden. Katrin liebte es über alles, wenn Tabea ihr das Fotoalbum von Afrika zeigte, mit all den interessanten Tieren. Von vielen hatte sie noch nie etwas gehört oder gesehen und hielt sie insgeheim für ebenso traumhaft wie ihren Fifi. Wer konnte schon glauben, dass große Herden von Kudus, Springböcken, Impalas und Zebras durch die Steppe zogen, gemischt mit eben den Wildebiests, Elephanten und Giraffen. Sogar einen Löwen hatte Tabeas Mama mal fotografiert, den König der Tiere. Und Tabea hatte sie alle am Wasserloch trinken gesehen, wild, und nicht wie im Zoo. Immer wieder musste Tabea zeigen wie Giraffen gehen, nämlich im Passgang und wie umständlich sie sich zum Trinken hinknien müssen.

„Wenn ich groß bin, dann fahren wir wieder nach Afrika und dann zeige ich dir das alles", sagte Tabea.

Und Katrin meinte: „Vielleicht können wir ja Wildbeschützer werden."

Mama fand das eine gute Idee und wunderte sich im Stillen, was ein unsichtbarer Hund alles bewirken kann.

Wie Erwachsene
Freundschaft erleben

Der Blick aus dem Fenster

Herr Schwarz saß im Rollstuhl. Vor Jahr und Tag hatte es einen schrecklichen Autounfall gegeben. Dabei war seine Frau ums Leben gekommen und er selbst wurde schwer verletzt.

Nun wohnte er mit seinem Sohn zusammen in einer kleinen Wohnung im Erdgeschoss. Auch lange nach dem großen Krieg war diese Stadt noch immer sehr arm.

Herr Schwarz schlief schlecht und wachte sehr früh auf. Dann rollte er seinen Rollstuhl in die Küche, machte Kaffee und fuhr dann ans Fenster, um das Treiben auf der kleinen Gasse zu betrachten. Er sah Menschen zur Arbeit eilen und etwas später die Hausfrauen zum Bäcker gehen. Die Spatzen schilpten lauthals und nahmen sich vor der herumschleichenden Katze in acht. Ein Hund mit einer Zeitung im Maul kam vorbei, und eine Taube gesellte sich zu den Spatzen.

Auf der gegenüberliegenden Straßenseite stand ein altes Geschäftshaus mit vielen Büros darin. Jeden Morgen kam eine Putzfrau, um den Bürgersteig und die Straße davor zu kehren. Sommers wie winters trug sie eine grüne Kittelschürze, mal über einer Bluse, mal über einer dicken Strickjacke.

Herr Schwarz beobachtete jeden Tag, wie sorgfältig sie ihre Arbeit verrichtete. Mit ihrem kleinen Besen kehrte sie jeden Stein und jede Ritze, als wäre es im Wohnzimmer einer vornehmen Familie. Die Bordsteine des Bürgersteigs waren aus verschiedenfarbigem Granit und ganz verschieden lang. Zuerst kam einer aus grauem Granit, dann ein kürzerer aus rotem und dann ein kleiner aus schwarzweiß gestreiftem. Dann kam ein schwarzer, ganz langer. Und nach weiteren vier Bordsteinen war das Geschäftshaus und damit der Arbeitsbereich der Putzfrau zu Ende.

Die Pflastersteine auf dem Gehweg waren glatt, aber im Laufe der Zeit uneben geworden. Vielleicht hatte die Putzfrau zu viel Sand aus den Ritzen gefegt, dachte sich Herr Schwarz. Sie schien jeden Stein zu kennen und zu lieben, so sorgfältig behandelte sie ihn, kehrte und wischte an ihm herum. Und allmählich kannte auch Herr Schwarz jeden Stein und betrachtete ihn mit den Augen der Putzfrau, während er ihren Bewegungen folgte. Besonders liebte er das Kopfsteinpflaster der kleinen Gasse, denn diese Steine waren blank und rund und vielfarbig. Die Putzfrau fegte sie mit großen Schwüngen, um dann wieder ganz sorgfältig das Zusammengekehrte aus dem Rinnstein auf ihre kleine Kehrschaufel zu häufen.

Das alles dauerte etwa eineinhalb Stunden. Dann ging die Putzfrau wieder mit Eimer, Besen und Lappen davon und Herr Schwarz rollte in die Küche zurück, um seinem Sohn das Frühstück zu machen. Der Sohn ging dann zur Schule und Herr Schwarz besorgte den Haushalt so gut er konnte.

So war das schon zwei Jahre gegangen. Diese Morgenstunde mit der Putzfrau und den Steinen war Herrn Schwarz zur lieben Gewohnheit geworden. Darum war er ganz bestürzt, als eines Morgens die Putzfrau nicht erschien. Sonntags wie wochentags, sommers wie winters, nie hatte sie gefehlt. Ohne es zu wissen hatte sie dem Leben von Herrn Schwarz Rhythmus und Halt gegeben. Der fehlte ihm jetzt.

Stattdessen kam etwas später der Hausmeister, schüttete fünf Eimer Wasser über den Gehweg und die Straße, kehrte ein bisschen nach und fertig. Das dauerte nicht länger als zehn, zwölf Minuten und kam Herrn Schwarz wie die reinste Barbarei vor.

Als die Putzfrau mit der grünen Schürze auch am nächsten und übernächsten Tag nicht kam, machte sich Herr Schwarz ernsthafte Sorgen. Was mochte mit ihr geschehen sein? Würde sie etwa überhaupt nicht wiederkommen? War sie entlassen worden, weil sie zu langsam und zu unmodern war? Herr Schwarz sprach mit seinem Sohn darüber und bat ihn schließlich, sich doch drüben mal nach der Putzfrau zu erkundigen. Dem Jungen war das peinlich. Aber der Portier des Geschäftshauses gab ihm freundlich Auskunft. Sie sei ernstlich krank, sagte er, und es sei nett, dass sich jemand nach ihr erkundige.

Herr Schwarz dachte darüber nach. Und schließlich beschloss er die Putzfrau wissen zu lassen, was sie ihm all die Jahre bedeutet hatte und wie sehr er sie vermisse. Sein Sohn musste eine Wärmflasche, ein Glas Honig, Kekse und Kräutertee besorgen. Das alles tat Herr Schwarz mit einem Kärtchen zusammen in einen Schuhkarton. Wieder musste sein Sohn damit zum Portier gehen und dieser versprach, nach Geschäftsschluss den Laufburschen damit zur Putzfrau zu schicken.

Im fünften Stock eines alten Mietshauses lag die Putzfrau in ihrem Zimmer und hatte alle Lust verloren. Fieber und Husten plagten sie. Ihr Atem ging schwer und ihr Herz wollte auch nicht mehr so recht. Außer ihren Pflastersteinen hatte sie nichts, was sie noch am Leben interessierte, denn sie hatte nach und nach all ihre Verwandten verloren. Als der Laufbursche das Päckchen abgab und nicht einmal wusste von wem es war, glaubte sie zu träumen.

Vorsichtig öffnete sie den Karton. Eine Karte fiel heraus.

„Liebe Frau mit der grünen Schürze", stand darauf. „Ich bin ein stiller Verehrer von Ihnen. Jeden Morgen sehe ich Sie arbeiten und erfreue mich an Ihrer Sorgfalt und Liebe zu den Steinen. Mir gefällt der rote Granit besonders gut. Aber auch die schiefgerutschten Steine an der Ecke. Sie ergeben so ein interessantes Muster, wenngleich sie beim Darübergehen sicher unbequem sind. Ich meinerseits kann schon seit Jahren nicht mehr gehen. Aber ich sehe noch sehr gut. Nämlich von der gegenüberliegenden Seite Ihres Bürgersteigs aus. Ich bin sicher, die Steine vermissen Sie so wie ich (der Hausmeister hat wirklich keinen Sinn für ihre Eigenarten und Schönheit). Also kommen Sie bald wieder und gute Besserung."

„Wer hätte das gedacht, nein, wer hätte das gedacht", murmelte die Putzfrau immer wieder.

Sie stand auf, um auf ihrer Kochplatte heißes Wasser für die Wärmflasche und den Tee zu machen. Mit einer großen, heißen Tasse voll schlich sie wieder ins Bett. Sie tat einen großen Löffel Honig in den Kräutertee, denn Honig gibt ja Energie. Während sie in kleinen Schlucken trank und den angenehmen Duft einatmete, redete sie mit sich selbst, wie einsame Leute das manchmal tun.

„Jetzt liegst du hier in deinem Bett und weißt nicht, dass es da draußen irgendwo einen Freund gibt, einen, der sogar deine Arbeit schätzt und deine Pflastersteine kennt und liebt. Na, da lohnt es sich doch wirklich, wieder gesund zu werden Luise!"

Spagetti Bolognese

Jakob und Anton gingen zusammen zur Schule, von der ersten bist zur neunten Klasse. Und dass der Jakob die neunte Klasse erreichte, das hatte er dem Anton zu verdanken. Der war gescheit, während der Jakob ein Träumer war. Dafür brachte der aber immer Kirschen mit oder Äpfel und Brot mit Speck, denn seine Mutter war Marktfrau.

Die ganze Schulzeit über ließ Anton den Jakob abschreiben. Er verteidigte ihn gegen den Spott der anderen Kinder und half ihm auch sonst bei Schwierigkeiten, in die der Unglücksrabe Jakob regelmäßig geriet. Anton fühlte Verantwortung für seinen verträumten Freund und war auch irgendwie stolz darauf, so stark und klug zu sein, dass er anderen helfen konnte. So vergingen die Jahre in dem kleinen Ort, an dem sich ansonsten wenig änderte.

Er war also nicht der Allerhellste, der Pfleiderer Jakob, brachte es auch zu nichts. Hatte keine Frau und kein Kind und jetzt auch keine Arbeit mehr. So was kann einem aufs Gemüt schlagen. Da hilft auch kein guter Wein mehr. Und so hatte der Jakob mal wieder eine seiner verhängnisvollen Ideen.

Er stieg eines Nachts in Pedros Pizzeria ein. Das war nicht weiter schwierig, denn das Klofenster stand offen.

Es war Sonntagnacht und Jakob vermutete, dass da viel Geld in der Kasse sei. So schlimm würde es den Pedro ja nicht treffen, wenn er diese Woche leer ausging. Konnte er's doch in der nächsten wieder verdienen. Aber er, der Jakob, hatte sonst nichts. Keine Frau, die ihm was kochte, kein Kind, das ihn bewunderte, keine Arbeit und kein Geld. Grad noch, dass er eine Wohnung hatte. Aber wie lange noch?

An all das dachte der Jakob, als er jetzt versuchte die Kasse aufzukriegen. Aber das widerspenstige Ding ließ sich nicht öffnen.

„Dann nehm ich's eben mit", murmelte der Jakob, denn zu Hause hatte er Werkzeug.

Und dann war da noch der Topf voll Spagetti Bolognese. Warum etwas Gutes umkommen lassen? Zuerst wollte Jakob sich hinsetzen und das Ganze mit einem Schlag verdrücken, so hungrig war er. Aber dann erinnerte er sich an die Stimme seiner Mutter, die ihn immer zur Bescheidenheit ermahnt hatte.

„Friss nicht gleich alles in dich rein, Bub!"

Darum nahm er kurzer Hand den Spagettitopf mit.

Das war nun kein leichtes Unterfangen. Der Spagettitopf war voll, die Geldkasse sperrig und schwer. Alles musste durchs Klofenster gehieft und an der anderen Seite wieder runter gebracht werden und dann einen, allerdings nicht sehr weiten, Weg nach Hause. Das soll ihm erst einmal jemand nachmachen!

Zuhause angekommen, machte der Jakob sich erst einmal über die Spagetti Bolognese her. Lange hatte er nicht mehr so etwas Gutes gegessen. Er ließ den leeren Topf auf dem Tisch stehen, nebst Löffel und Gabel und holte stattdessen Stemmeisen und Hammer. Gerade wollte er sich mit der widerspenstigen Kasse beschäftigen, da klingelte es.

Pfleiderers Jakob konnte sich absolut keinen Reim darauf machen, wer denn da mitten in der Nacht zu ihm wollen könnte. Das beunruhigte ihn aber nicht weiter, denn er war es gewöhnt, dass er sich auf die Dinge des Lebens keinen Reim machen konnte.

Er machte also die Tür auf und davor stand der Polizist.

„Pfleiderers Jakob?" fragte er.

Jakob sah ihn entgeistert an.

„Hast du gerade Spagetti Bolognese gegessen?"

„Ha, ja", stotterte Jakob. „Aber woher weißt denn du das?"

„Es führt eine Spur von Sauce Bolognese von Pedros Pizzeria, über den Hinterhof, die Straße entlang und über die Treppe bis zu deiner Wohnungstür", sagte der Polizist ganz amtlich, drängte den Jakob zu Seite und trat an den Tisch.

„Aha", sagte er dann, steckte den Finger in den Topf, leckte ihn ab und sagte wieder „Aha".

Jakob hörte im Innern die mahnende Stimme seiner Mutter:

„Sei doch nicht immer so gottverdammt ungeschickt, Bub. Du verkleckerst und versaust ja alles. Mit dir ist es ein Kreuz, Jakob."

„Mit dir ist es ein Kreuz, Jakob", sagte der Meyer Anton, der jetzt Polizist war. „Das hier ist doch die Kasse von Pedro?"

„Ja ... nein!" stotterte Jakob und versuchte sie mit seinem schmächtigen Rücken zu verdecken. Das half aber nun auch nichts mehr. Polizist Meyer schob ihn beiseite. Da die Kasse noch ungeöffnet war, überlegte er hin und her, wie er dem Pfleiderer Jakob, der ja wirklich nicht der Hellste war, wieder mal aus der Patsche helfen könnte. Denn das tat er ja schon seit der ersten Klasse Grundschule.

Geteiltes Grillfleisch

Der, von dem ich erzählen will lebte in Süditalien.

Ein schönes Land. Immer warm, meistens freundlich. Man lebt mehr draußen als drinnen und wer Freunde hat, lädt sie abends zum Grillen ein. Unser Freund, Luigi mit Namen, hatte viele Freunde, eine fröhliche Frau und vier nette Kinder. So oft sie konnten grillten sie im Garten, tranken Chianti und lachten und sangen. Das alles ist ja eigentlich nicht verboten.

Aber: „Was dem einen sein Uhl, ist dem andern sein Nachtigall und was dem andern sein Nachtigall ist dem einen sein Uhl", sagt ein altes italienisches Sprichwort.

Während Luigi die Grillabende als lauter Nachtigallen erlebte, waren sie für Herrn Anchowi eher gräßliche Eulen und eine Beleidigung seiner Sinne. Darum ging er eines Tages zum Gericht und verklagte seinen Nachbarn Luigi.

„Sie sind also Rentner, Herr Anchowi", sagte der Richter bei der Verhandlung. „Und Sie leben allein?"

„Ja", sagte Herr Anchowi. „Meine Verwandten sind alle schon gestorben."

„Und was haben Sie vorzubringen?" fragte der Richter.

„Nun, bald alle zwei Tage feiert Herr Luigi ein Gelage. Dabei ist das Grillen im Hinterhof gar nicht erlaubt. Es stinkt nach gebratenem Fleisch und Holzkohle und es raucht fürchterlich. Außerdem sind die Leute laut. Die Familie ist ja selten allein. Meistens sind sogenannte Freunde da, die singen dann und schwatzen bis tief in die Nacht hinein. Ein Lärm ist das! Die Kinder rennen rum und lachen. Dazu fließt der Wein in Strömen. So eine Verschwendung. Ich mit meiner kleinen Rente könnte mir so was nie leisten."

„Das ist ja wohl meine Sache, wieviel ich esse und wen ich dazu einlade", rief Luigi dazwischen. „Das muss ich mir nicht von einem Miesmacher vorrechnen und verbieten lassen."

„Ab elf Uhr abends ist aber Ruhezeit. Daran haben Sie sich zu halten", rief

Herr Anchowi zurück. „Und der Geruch ist auch unerträglich. Wie kann man nur so viel gutes Fleisch verbrennen lassen."

„Ich verbitte mir diese Anschuldigungen", schrie Luigi. „Das Fleisch wird gegrillt, nicht verbrannt. Schließlich essen wir es ja".

„Ja, ja, ja", sagte der Rentner und sah traurig vor sich hin. „Werden Sie mal so alt wie ich. Dann wird Ihnen das Lachen schon vergehen. Der Qualm zieht direkt in mein Schlafzimmer. Vor eins finde ich keine Ruhe. Auch meine Gardinen leiden."

„So ein Miesepeter wie Sie werde ich bestimmt nicht werden." Luigi war wütend. „Sie sind ja…"

„Scht", machte seine Frau und zog ihn am Ärmel. „Sei mal ruhig Luigi, setz dich."

„Nun", sagte der Richter schließlich. „Grillen wird bestraft, wenn es einen Kläger gibt. Und den gibt es. Also wird Luigi das Grillen verboten und er zahlt …" Aber dann verstummte der Richter plötzlich und überlegte. Er überlegte und überlegte, während ihn alle gespannt ansahen. Was ging in ihm vor? Dem Richter wurde plötzlich klar, dass da noch eine ganz andere Geschichte erzählt wurde, als es den Anschein hatte. Was zwischen den Zeilen gesagt worden war, das hörte der Richter plötzlich ganz laut. Und darum sagte er nach einer Weile:

„Oder nein, ich fälle ein anderes Urteil. Immer wenn Herr Luigi grillen will, muss er seinen Nachbarn, Herrn Anchowi, der keine Familie hat, dazu einladen. Die Sitzung ist geschlossen." Und er klopfte mit seinem Hämmerchen aufs Holz.

Die Leute waren sprachlos. So etwas war ja noch nie dagewesen. Taumelnd erhoben sie sich von ihren Plätzen. Der Richter lächelte verschmitzt.

Wie die Geschichte weiterging? Luigi traute sich zuerst gar nicht mehr zu grillen. Aber eines Abends war dann der Bann gebrochen. Die Kinder holten Herrn Anchowi aus der nachbarlichen Wohnung und die Frau von Luigi bot ihm ein extra saftiges Stück Grillfleisch an. Nach ein paar Gläsern Chianti erzählte Herr Anchowi dann aus seiner Jugendzeit. Das war sehr unterhaltsam und es wurde viel gelacht. Nach einem Jahr konnte man sich das Grillen ohne Herrn Anchowi gar nicht mehr vorstellen.

„Luigi, mein Freund", begann er immer seine Erzählungen. „Soll ich dir mal sagen, wie man zu unserer Zeit angelte?" Ich wünschte, wir hätten so einen Richter in unserem Ort. Das Leben wäre dann schöner und es gäbe mehr Freunde.

Freundschaft zwischen Kindern und Erwachsenen

Das himmlische Jerusalem

Malachy war vom Kindergarten nach Hause gekommen. Jetzt saß er in der Küche und langweilte sich.

„Ich habe eben zu viel Zeit", sagte er mit sorgenvollem Gesicht.

„Das hätte ich auch gern mal!" rief Mama. Sie stand am Herd und kochte wie verrückt, dies, das und jenes. Jetzt klemmte sie sich auch noch das Handy unters Kinn und telefonierte mit ihrem Chef.

„Was wird sie nächstens noch mit den Füßen machen?" überlegte Malachy.

Er bewunderte sie und sie tat ihm leid. Er selbst tat sich aber noch mehr leid, denn er konnte weder kochen, noch telefonieren. Er hatte es niemals eilig und er hatte auch keinen Chef, der ihm wichtige Aufträge zu erteilen hatte. Stattdessen hatte er einfach zu viel Zeit.

Eines Tages kam jemand in die Familie, der auch zu viel Zeit hatte. Das war die Nahna, Papas Mutter. Sie sah ziemlich verschrumpelt und zerbrechlich aus fand Malachy, aber sie hatte dunkle, sehr lebhafte Augen und drum herum Fältchen wie Sonnenstrahlen. Mama ging jetzt den ganzen Tag arbeiten und Nahna kochte. Aber nicht wie verrückt. Ein Handy hatte sie auch nicht und auch keinen Chef.

„Dann wollen wir jetzt mal sehen, wie wir uns die Zeit vertreiben", sagte Nahna am Nachmittag. Dazu stiegen sie in die Straßenbahn und die vertrieb schon mal eine Menge Zeit. Malachy fand es schön, die Häuser, Bäume und Autos am Fenster vorbeiziehen zu sehen. An der Endstation stiegen sie aus und gingen auf den Friedhof.

„Hier liegen unsere Lieben", sagte Nahna. Sie machte ein trauriges Gesicht, ging von Grabstein zu Grabstein und legte auf jeden ein kleines weißes Steinchen zum Gedenken.

Malachy machte auch ein trauriges Gesicht und legte auch auf jeden Grabstein ein kleines weißes Steinchen. Ein paar legten sie nur so unter einen Baum, für die, die keinen Grabstein bekommen hatten. Dann saßen sie nebeneinander auf einer Bank und hörten dem Rauschen der alten Bäume zu.

„Was machen denn all unsere Lieben da unten in der Erde?" fragte Malachy.

Nahna wusste nicht so recht, was sie sagen sollte. Schließlich sagte sie leise und geheimnisvoll:

„Weisst du, ich glaube, die sind da gar nicht mehr. Die sind alle ins himmlische Jerusalem gegangen. Das ist eine sehr, sehr schöne Stadt, oben im Himmel."

Malachy sah zum Himmel auf, der seine Wolken schon golden färbte. Er war froh, dass Nahna ihm dieses Geheimnis verraten hatte.

„Wenn wir sterben, gehen wir dann auch ins himmlische Jerusalem?"

„Selbstverständlich!" Nahna drückte zuversichtlich Malachys Hand.

„Zusammen?"

„Das wohl nicht. Weisst du, alte Menschen sterben eher."

„Aber dann finde ich doch gar nicht hin!"

„Doch, doch, das findet jeder. Und wenn nicht, dann zeigt einem ein Engel den Weg."

„Du wartest dann doch aber auf mich am Stadttor?"

„Na, vielleicht richte ich auch schon mal unsere Wohnung ein."

Nahna stand auf und sie machten sich auf den Heimweg. In der Straßenbahn unterhielten sie sich die ganze Zeit leise über die goldenen Möbel in ihrer himmlischen Wohnung, den goldenen Herd, die goldene Bettwäsche und den Wolkenteppich.

Und schon war es Abend.

„Wir haben heute eine Menge Zeit vertrieben und die Nahna macht mir mittags Lansch", erzählte Malachy stolz seinem Vater. Der lachte.

„Was ist denn ein Lansch, zum Beispiel?"

„Zum Beispiel gebackene Käseschnitte mit Rapunzelsalat. Und zum Nachtisch gibt es die Geschichte von Rapunzel."

„Auch gebacken?"

„Nee!"

Alle lachten und Vater sagte: „Dann gibt es morgen sicher gebratenen Wolf und Rotkäppchen zum Nachtisch, nicht wahr, Nahna?"

„Ach du!" Nahna tat empört und wollte Papa hauen. Der versteckte sich hinter Mama und Malachy kugelte sich vor Lachen.

„Zwei, die zu viel Zeit haben sind zu komisch!" sagte Mama und wischte sich die Lachtränen ab.

Am nächsten Abend gab es Spinat mit Spiegelei.

„Spinat ess ich nie!" verkündete Malachy. „Das stimmt leider", sagte Mama.

Aber Nahna sagte: „Wenn du mich lieb hast, dann überwindest du dich und isst jetzt einfach ein bisschen Spinat."

„Ganz schöner Erpressungsversuch", meinte Papa.

Nahna sah ihn verständnislos an. Auch Malachy verstand ihn nicht. Er sah Nahna in die Sonnenstrahlenaugen und sagte: „Mal sehen."

Dann aß er drei Löffel Spinat und sagte cool: „Es könnte schlimmer sein."

Papa und Mama kicherten.

Früh am Morgen, ehe sie zur Arbeit ging, brachte Mama der Nahna immer eine große Tasse Tee ans Bett und einen Kuss auf die Stirn. Nahna hatte dann genug Zeit langsam aufzustehen und den „Lansch" für Malachy und sich selbst zu machen. Und nachmittags hatten die zwei dann immer volles Programm, auch wenn sie nur Erbsen aus den Schoten palten oder Apfelkompott kochten. Nahna hatte immer interessante Geschichten parat, von der Prinzessin auf der Erbse oder den kleinen schwarzen Männchen, die im Apfel ihr Häuschen hatten. Was andere Leute nervte, das freute die Nahna, nämlich dass Malachy so viele Fragen hatte. Dann redeten und redeten die zwei, wie Philosophen.

„Was ist, wenn keine Zeit ist?"

„Wie meinst du das?" fragte Nahna.

„Na, wenn Papa sagt: Jetzt ist keine Zeit mehr! Wo ist dann die Zeit? Und was ist stattdessen dann da?"

„Auf der Erde ist die Zeit immer da. Und sie schreitet voran. Montag, Dienstag, Mittwoch, Jahr für Jahr. Sie ist aber eigentlich gar nichts, sondern nur eine Erfindung, um das Vergängliche zu messen. Eine Stunde wird erst als Stunde gemessen, wenn sie vergangen ist."

„Aha", sagte Malachy. „Und was misst Papa, wenn er sagt: Jetzt ist keine Zeit mehr?"

„Zum Beispiel, wieviel Zeit du schon auf bist und wieviel Zeit du schlafen sollst."

„Und was macht er dann, wenn keine Zeit mehr ist?"

„Na, bei ihm ist ja noch Zeit. Nur in der Ewigkeit gibt es keine Zeit", sagte die Nahna.

Malachy dachte nach. „Wo ist denn die Ewigkeit?" wollte er dann wissen.

„Im himmlischen Jerusalem zum Beispiel, also außerhalb unseres Erdenraumes."

„Und dieser Raum, außerhalb des Erdenraumes, gehört der noch zu uns dazu?"

So ging es fort und fort. Und schließlich mussten sie sich noch überlegen, wie denn die Grenze zwischen Raum und Ewigkeit aussehen könnte. Tatsächlich war keine noch so schwere Frage vor ihnen sicher. Und das vertrieb natürlich eine Menge Zeit.

Eines Sonntagmorgens wachte Malachy wie immer früh auf. Er wusste, dass er dann noch eine ganze Weile still sein musste, weil seine Eltern ausschlafen wollten. Jetzt fiel ihm aber seine Nahna ein. Bestimmt war sie schon munter. Er sprang aus dem Bett und rannte in ihr Zimmer. Aber er hatte sich geirrt. Schlaftrunken blinzelte sie ihn an, seufzte und wollte sich auf die andere Seite drehen. Aber Malachy sagte:

„Ach, bitte Nahna, erzähl mir doch von „wie Papa klein war“.“

„Nee“, sagte sie. „Nee, also wirklich nicht. Ich kann überhaupt gar nichts machen, ehe ich nicht meine Tasse Tee getrunken habe.“

Malachy war enttäuscht. Und die alles vergällende Langeweile kroch wieder in ihm hoch.

Er dachte eine Weile nach und sagte dann mit zuckersüßer Stimme:

„Nahnale, wenn du mich lieb hast, dann überwindest du dich jetzt und erzählst mir was, auch ohne deine Tasse Tee.“

Was sollte die Nahna da sagen? Sie ließ Malachy zu sich unter die Bettdecke krabbeln und erzählte zum hundertsten Mal von „wie Papa noch klein war“.

Als Mama dann mit dem Morgentee kam, sagte sie erstaunt:

„Na, ihr beiden Kleinen? Schon so früh munter?“

Das gefiel Malachy, denn er fand, dass die Nahna viel mehr zu ihm gehörte, als zu den anderen Erwachsenen. Schon allein wegen des Zeitvertreibs und weil sie beide bereits eine gemeinsame Wohnung im himmlischen Jerusalem besaßen.

Die Zwitschermaschine

Herr und Frau Ansberger saßen auf ihrer kleinen Terrasse und tranken Tee.

Sie hatten ja jetzt Zeit, denn ihre Kinder waren groß und ihre Arbeit getan. Sie freuten sich an ihrem winzigen Garten, in dem jetzt gerade die Tulpen und Narzissen zu blühen begannen und die Kletterrose kleine grüne Blätter hervorbrachte.

Herr Ansberger blätterte in der Zeitung. Frau Ansberger las in einem Gartenbuch, während sie genüsslich ihren grünen Tee schlürfte.

„Was ist denn das für ein Krach heute?" fragte Herr Ansberger etwas ungehalten.

„Das wird der Frühling sein." Frau Ansberger lächelte vergnügt. „Ich möchte dieses Jahr Rittersporn pflanzen. Meinst du, da wäre noch Platz?"

„Unsinn", sagte Herr Ansberger und meinte den Frühling. „Der macht doch nicht so einen Lärm!"

„Jetzt ist er wieder weg."

„Wer?"

„Der Frühling. Es ist ganz still."

„Na, Gott sei Dank", sagte Herr Ansberger. „Man sollte ja wenigstens einmal in Ruhe lesen können."

Aber er konnte nicht, denn wieder erklang dieses durchdringende Gezwitscher, das immer dieselbe Reihe von Tönen wiederholte.

„Es kommt von oben", sagte Frau Ansberger und spähte durch die Rosenranken.

„Natürlich, meine Liebe. Vögel sitzen meistens oben."

„Ja, ist es denn ein Vogel?" Beide lauschten. „Es klingt wie ein Vogel, aber doch auch wieder nicht."

„Schau doch mal nach, Martha", sagte Herr Ansberger. Er selbst konnte nicht mehr so gut sehen. Frau Ansberger stand auf, ging auf die kleine Wiese und schaute nach oben. Es war ein Mehrfamilienhaus. Von all den vielen Menschen die da wohnten, kannte eigentlich keiner keinen so recht. Frau Ansberger berichtete ihrem Mann, dass sie auf dem obersten Balkon ein Ding sähe und eine kleine Hand, die dieses Ding bewege.

„Was denn für ein Ding?"

„Hallo, Oma Ansberger!" erklang jetzt eine helle Stimme von oben herab.

„Hallo, mein Junge. Mit was machst du denn den Krach? Es ist der kleine Junge vom obersten Stock, Ewald", sagte Frau Ansberger zu ihrem Mann gewandt.

Von oben erklang Unverständliches.

„Was sagst du? Ich versteh dich nicht." Wieder war nichts zu verstehen. Frau Ansberger wollte sich hinsetzen. Da kam das Stimmchen erneut von oben: „Oma Ansberger, soll ich mal runterkommen?"

„Ja ... ja, wenn du willst."

„Was will er?" fragte Herr Ansberger.

„Er will runterkommen. Der kleine Junge. Du weißt doch."

Herr Ansberger sah nun endgültig seine Abendruhe dahinschwinden.

„Das muss doch nicht sein, Martha. Womöglich bringt er das Ding mit. Unser ganzer Abend ist futsch."

„Was denn für'n Ding? ... Ach das Ding!"

Frau Ansberger war stehen geblieben. Offenbar hatte sie für Abendruhe nicht so viel Verwendung wie ihr Mann. Da klingelte es.

„Das wird er sein", sagte sie und wandte sich zur Tür.

„Schick ihn wieder weg, Martha. Ich will meine Zeit nicht mit einem kleinen, fremden Jungen vergeuden."

„Aber Ewald!" Frau Ansberger war entrüstet. „Du hast doch alle Zeit der Welt, jetzt wo du alt und ohne Arbeit bist."

„Martha, das war herzlos!"

Nun ja. Es klingelte wieder und Frau Ansberger ging an die Tür. Herr Ans-

112

berger knisterte missbilligend mit der Zeitung und ging ins Wohnzimmer, denn es wurde schon kühl.

„Ach, und das hast du selbst gebaut?" hörte er seine Frau sagen, als sie mit dem Jungen hereinkam.

„Ja, selbst gebaut", sagte der Junge. Herr Ansberger hatte ihn sich größer vorgestellt.

„Guten Tag, Opa Ansberger."

Herr Ansberger warf einen Blick auf das Gebilde aus Holz und Schrauben, das der Junge vor sich hertrug. „Mach hier bitte keine Unordnung", brummte er.

„Aber Ewald", ermahnte Frau Ansberger. „Jetzt sag ihm doch erst mal guten Tag."

„Das sagt meine Mama auch immer: Jetzt sag mal schön guten Tag! Aber ich hab schön guten Tag gesagt, nicht?"

Frau Ansberger bestätigte das. „Ist deine Mutter zu Hause?" fragte sie.

Aber der Junge achtete nicht darauf.

„Darf ich meine Zwitschermaschine mal hier auf deinen Tisch stellen, Opa Ansberger?"

Mit einer Hand schob er einen Stapel Zeitungen auf die Seite.

Herr Ansberger fühlte sich überrumpelt.

„Also erstens bin ich nicht dein Opa und auf dem Tisch liegen ja meine Papiere."

Er hielt inne und sah auf das kleine Bauwerk, das jetzt auf dem Tisch Platz gefunden hatte.

„Was hast du gesagt, was ist das?"

„Das ist eine Zwitschermaschine. Die hab ich ganz alleine gebaut Opa", sagte der Junge stolz.

Herr Ansberger, der alte Ingenieur, rückte näher.

„Und aus was?" fragte er und setzte seine Brille auf.

„Aus kleinen Quietschesachen. Also Hölzern und Korken und Schrauben.

Und das da, wenn man das Hölzchen da drin dreht, dann macht's halt so wie ein Vogel."

„Hm hm", machte Opa. „Das ist ja gar nicht so einfach, scheint mir. Wenn du das hier drehst, dann dreht sich das da ja gleich mit."

Oma sah den beiden zu und freute sich immer mehr. „Manche Menschen muss man halt zu ihrem Glücke zwingen", dachte sie.

„Du, das hier … wie heißt du eigentlich?" fragte Opa jetzt.

„Tschiab. Tschiab Münzer. Ich geh in die erste Klasse. Bald komm ich in die zweite."

„Also, Tschiab, sind das besondere Vogelstimmen, die du da machen kannst?"

„Mama sagt, dies klingt wie ein Distelfink. Und wenn man die zwei dreht, dann trillert eine Lerche."

Das Wohnzimmer füllte sich mit ungewohntem Vogelgezwitscher. Opa war fasziniert.

„Ist ja fabelhaft. Ein richtiges Kunstwerk. Darf ich auch mal?"

Aber Tschiab fand, dass seine Vögel jetzt Hunger hätten und unbedingt etwas zu essen und zu trinken brauchten.

„So, so. Sind wir denn für so etwas ausgerüstet, Martha?" fragte Opa schmunzelnd. Und Oma sagte vergnügt:

„Habt ihr was, so esst es.

Habt ihr nichts, vergesst es.

Habt ihr ein Stückchen Brot,

so teilt es in der Not.

Habt ihr ein Brosämlein,

so gebt's den Vögelein."

„Was ist Brosämlein?" fragte Tschiab.

„Das sind Krümchen", sagte Oma und lächelte. „Was für Krümchen fressen denn deine Vögelein?"

Tschiab lächelte verschmitzt: „Halt Brotkrümchen, Wurstkrümchen, Käse-krümchen und auch Nutellakrümchen."

„So, so. Und was trinken sie?"

„Fanta", sagte Tschiab. Das fand Oma seltsam. „Ich dachte immer, Vögel trinken Wasser?"

Aber Tschiab wusste es besser. „Nein, nein, das war ganz früher mal. Heute trinken sie Fanta!"

„Da siehst du mal Martha, wie viel sich seit unserer Jugend geändert hat." Opa stand auf.

„Aber ich glaube, wir haben gar kein Fanta im Haus. Kann's denn auch Zitronenlimonade sein?"

Die Vögel bejahten das. Und bald gab es eine fröhliche Fütterung. Oma und Opa aßen auch gleich mit. Das war dann ein Aufwaschen.

Nachdem die Vögel kein einziges Brosämlein mehr herunterkriegen konn-ten, sagte Tschiab:

„Jetzt werden die Vögelchen müde sein. Sicher wollen sie hier schlafen."

Opa lachte gutmütig und sagte: „Nein, sicher nicht. Du musst sie dann schon nach oben tragen."

Aber Tschiab beteuerte, dass sie schon viel zu müde seien, um noch rauf-getragen zu werden.

„Ja, dann suchen wir ihnen ein schönes Schlafplätzchen. Du lässt sie hier und holst sie morgen wieder ab."

„Das geht überhaupt nicht", antwortete Tschiab. „Denn alleine haben sie zu sehr Angst."

Auf einmal sah er ganz klein und blass aus. Oma und Opa sahen sich an. Da stimmte doch irgendwas nicht.

„Na, na, na, willst du etwa ganz zu uns ziehen?" fragte Oma. „Was wird denn deine Mutter dazu sagen?"

„Die wird gar nichts dazu sagen." Tschiab knetete seine kleinen so geschickten Hände und sah niemanden an. Nach einer Pause fragte Oma: „Tschiab, wo ist deine Mutter?"

„Im Krankenhaus", sagte Tschiab und das klang wie ängstliches Vogelgezwitscher.

„Im Krankenhaus? Und du bist ganz alleine zu Hause?"

„Ja."

„Wie kam denn das?" fragte jetzt Opa ganz ungläubig.

Tschiab räusperte sich: „Von der Arbeit ist sie gleich ins Krankenhaus. Da haben sie sie hingebracht. Ein anderer Kollege hat mich angerufen. Vielleicht kommt sie morgen wieder … oder übermorgen … weiss nicht."

Jetzt wurde Oma aktiv. „In welchem Krankenhaus ist sie denn?"

„Weiß nicht."

„Was hat der Mann denn gesagt?"

„Was mit kleinem weißen Vogel, hat er gesagt."

Darunter konnten sich Oma und Opa nichts vorstellen. „Denk doch noch mal nach!"

Tschiab dachte nach. Und schließlich sagte er: „Na, Gott, Sohn und kleiner weißer Vogel."

Da musste Oma trotz aller Aufregung lachen. „Der Heilige Geist! Im Heilig-Geist-Krankenhaus ist sie also. Ewald, ruf doch da mal an und frag nach seiner Mutter. Wahrscheinlich haben sie gar keine Verwandten hier." Und zu Tschiab gewandt sagte sie:

„Ich denke, deine Vögelchen haben recht. Ihr alle müsst heute Nacht hier unten bei uns schlafen. Glaubst du, wir könnten euch ein Nest hier auf dem Sofa machen?"

Tschiab glaubte das und bekam langsam wieder Farbe ins blasse Gesicht. Opa hinterließ im Krankenhaus seine Telefonnummer und die Nachricht, dass Tschiab bei ihnen gut untergebracht sei. Auskunft wollte das Krankenhaus einem Fremden nicht geben. Na ja, morgen würde Opa mal persönlich hingehen.

Heute hörte er sich die Spätnachrichten mit dem Ohrenstecker an, während neben ihm auf dem Sofa ein kleiner Junge beruhigt schlief.

„Schon erstaunlich", sagte er und legte seine Hand zärtlich auf die seiner Frau.

„Seine Zwitschermaschine ist nicht nur ein Kunstwerk, sondern zwitschert auch Freundschaft in die Herzen von brummigen Menschen. Aus dem Jungen wird mal was!"

Das Kinderamt

Es klingelte. Vor der Tür stand eine Frau in Jeans und Turnschuhen. Sie lächelte freundlich und sagte: „Ich heiße Claudia Bauer. Weißt du, wer ich bin?"

„Nee", sagte Susanne und machte die Tür wieder ein bisschen zu.

„Ich komme vom Jugendamt", sagte Frau Bauer. „Man könnte auch Kinderamt dazu sagen."

Das klang interessant. Susanne machte die Tür wieder ein bisschen mehr auf.

„Ist das so wie Postamt für Kinder?" fragte sie.

„Ja, so ähnlich."

„Und dürfen da die Kinder die Briefmarken draufkleben?"

„Das eigentlich nicht." Frau Bauer überlegte, was sie jetzt sagen könnte. Sie war froh, als Susanne fragte: „Was ist denn eigentlich ein Amt?"

„Das ist wie eine Stube, mit einem Schreibtisch und vielen Akten und Büchern. Da sitzen die Leute und überlegen sich, wie sie den Kindern helfen könnten. Im Kinderamt jedenfalls."

Susanne fand das alles immer interesanter. „Sitzen da auch Kinder?"

„Ja oft. Aber meinst du, wir könnten jetzt mal in die Wohnung gehn. Hier im Treppenhaus zieht es so."

„Na klar", sagte Susanne und führte Claudia Bauer in die Wohnküche.

„Wer ist denn da?" rief eine Frau aus dem Nebenzimmer.

„Die Frau vom Postamt für Kinder, Mama. Soll sie mal zu dir kommen?"

Schweigen.

„Meine Mama ist nämlich krank, weißt du," sagte Susanne. „Ich geh mal gucken."

Claudia Bauer sah sich in der Küche um. Sie fand einen Topf und setzte Wasser auf. Gerade als sie den Tee aufgoß kam Susanne wieder und führte ihre Mutter an der Hand. Die hatte einen Bademantel an und hustete stark.

„Guten Tag, Frau Hilpert", sagte Frau Bauer und schob ihr eine Tasse heißen Tee zu.

„Ich hoffe, Sie haben nichts dagegen, dass ich schon mal ein bisschen Tee
gemacht habe. Ich wusste gar nicht, dass Sie krank sind. Sonst wäre ich ein
anderes Mal gekommen. Ich bin Claudia Bauer, Ihre Sozialarbeiterin."

„Sie müssen entschuldigen", sagte Frau Hilpert. Meinte sie damit die un-
ordentliche Küche oder ihre Erkältung? Sie setzte sich und legte ihre Hände
um die warme Tasse.

Susanne sah ihre Mutter ganz besorgt an. „Im Kinderamt wollen sie den
Kindern helfen, hat die Frau gesagt."

„Claudia heiße ich, Claudia Bauer. Und es geht ja um die Frage, wo denn
Susanne in Zukunft leben soll, bei Mutter oder Vater."

„Bei beiden", rief Susanne schnell.

„Du weisst doch, dass das nicht geht," sagte die Mutter ernst. „Wir wollen
Papa überhaupt nicht mehr sehen, nach allem, was er uns angetan hat. Ich
verstehe überhaupt Ihre Frage nicht, Frau Bauer. So einem Mann kann man
doch ein Kind nicht anvertrauen." Und Fau Hilpert fing an, alle die schrecklichen Dinge aufzuzählen, die vorgefallen waren und zur Scheidung geführt
hatten. Aber Frau Bauer unterbrach sie schnell. Susanne fing an zu weinen.

„All das steht ja in den Akten, Frau Hilpert. Und das können wir auch noch
ein anderes Mal bereden, wenn es Ihnen besser geht. Heute wollte ich nur mal
sehen, wie wir es einrichten könnten, dass Susanne ein gutes Leben führen
kann, dass sie ihren Papa nicht ganz verliert, denn sie stammt ja zur Hälfte von
ihm. Wenn Susanne bei Ihnen wohnen bleibt, dann könnte sie ihren Papa
vielleicht an den Wochenenden besuchen?"

Während die Mutter und Frau Bauer weiter sprachen, hörte Susanne bald
nicht mehr zu.

Sie stellte sich das Kinderamt vor. Da gab es Schachteln, in denen alle trau-
rigen und angstmachenden Dinge verwahrt wurden. Es hatte so geklungen,
als könne Frau Bauer diese Dinge für immer da festhalten, einfach die Schach-

teln zuschnüren und verkleben, sodass sie draußen gar nicht mehr da waren. Stattdessen würde Claudia ein Überraschungspaket für Susanne packen und es ihr schicken. Da war dann ein ganz neues Leben drin. „Das sitzt, passt und hat Platz", sagte Claudia Bauer in Susannes Gedanken. So wie man das von einem neuen Mantel sagt, den man zum Geburtstag bekommen hat. Susanne sah außerdem Blumen und Kuchen und Spielzeug aus dem Paket purzeln und lauter lachende Gesichter rund herum, wie sich das für einen Geburtstag gehört. Und sie selbst, Susanne, konnte sich frei bewegen und gehen wohin sie wollte, ohne jemanden zu beleidigen oder gar zum Weinen zu bringen. Sie hatte ein schönes Kleid an, das rote aus dem Katalog, und alle hatten sie lieb.

„Susanne", rief die Mutter. „Susanne, träumst du schon wieder? Frau Bauer möchte jetzt gehen. Wir haben ausgemacht, dass sie mal mit Papa redet und dass sie am Freitag wiederkommt. Bring sie jetzt bitte zur Tür, sei so gut."

Es schien eine lange Zeit vergangen zu sein. Mama sah nicht mehr so traurig und böse aus, fand Susanne. Frau Bauer hatte, während sie redeten, das Geschirr abgewaschen. Jetzt trocknete sie sich gerade die Hände ab, wie eine alte Bekannte.

„So, Susanne", sagte sie und schob ihr einen Zettel zu. „Dies ist meine Telefonnummer im Kinderamt. Wenn du mal mit mir reden willst oder was wissen willst, dann kannst du mich da anrufen. Kannst du denn die Nummer lesen?"

Susanne schaute auf die Zahlen und las sie einwandfrei vor. Schließlich ging sie ja schon vier Monate zur Schule. Sie brachte Claudia Bauer zu Tür. „Tschüss, dann."

Susanne blieb an der Tür stehen, bis die Turnschuhschritte auf der Treppe verklungen waren und die Haustür ins Schloss fiel.

„Ich habe jetzt eine neue Freundin", sagte sie zu ihrer Nebensitzerin am nächsten Tag in der Schule.

„Und wie heißt die?"

„Claudia Bauer. Sie ist schon ziemlich alt, so dreißig vielleicht, hat Nikes an und ist vom Kinderamt."

„Aber Erwachsene können doch keine Freundinnen von Kindern sein!" sagte die Nebensitzerin entrüstet.

„Warum nicht? Wenn sie freundlich sind?"

Der Mann ohne Lebenslauf

Es gibt einen Fluss, so mächtig und breit, dass man ihn den Rio Grande del Norte nennt, den großen Fluss im Norden. In dreitausendsiebenhundert Metern Höhe entspringt er den Rocky Mountains und über dreitausend Kilometer muss er fließen, bis er sich im Golf von Mexiko ausruhen darf. Dieser Fluss bildet die nördliche Grenze Mexikos, jedenfalls von El Paso an, der Stadt, die jedermann aus Westerngeschichten kennt. Er wird auch Rio Bravo genannt, der wilde Fluss. Wild rauschend gräbt er sich oft bis zu fünfhundert Meter tief in die Felsen der Rockys, bis er die Ebene von Laredo erreicht.

Obwohl er so breit und wild ist versuchen Menschen, die am armen Ufer Mexikos wohnen, immer wieder schwimmend das reiche Ufer Amerikas zu erreichen, heimlich und unerkannt. Über die „blaue Grenze" schwimmen sie, sozusagen ohne Einreisepapiere. „Nassrücken" werden sie deshalb genannt. Manche ertrinken, manche werden am Ufer erwischt und sofort wieder über die Brücke in ihr armes Heimatland transportiert. Manche versuchen viele Male diese Grenze zu überschwimmen, von arm zu reich, von Süden nach Norden. Umgekehrt ist noch nie jemand geschwommen.

Manche schaffen es. So auch der graue Mann. Wie es gekommen war, dass er den tobenden Fluten doch noch entkommen war, wusste er nicht. Ohnmächtig hatte ihn eine gütige Welle des Nachts ans rettende Ufer geworfen. Am Tage trocknete er seine grauen Kleider, ging in die nächste Stadt und bat um Arbeit. Denn wer Arbeit hat darf bleiben und wer bleiben darf bekommt Arbeit. Aber wo anfangen?

„Ihren Lebenslauf, bitte", sagte der Arbeitgeber. Der Mann schaute verwirrt auf seine grauen Schuhe.

„Hab keinen", sagte er leise.

Der Arbeitgeber wurde etwas lauter: „Unsinn", sagte er. „Jeder Mensch hat einen Lebenslauf. Wenn Sie ihn nicht aufschreiben können, in unserer Sprache, dann lassen Sie sich eben dabei helfen. Nix Lebenslauf, nix Arbeit, Sie verstehen?" Und er schob den grauen Mann freundlich aber bestimmt zur Tür hinaus.

Das Gesicht des grauen Mannes wurde noch ein wenig grauer. Traurig schlich er durch die Straßen der fremden Stadt.

„Ja, was sind Sie denn so niedergeschlagen?" fragte ihn am Abend die Frau, in deren Schuppen er eine Unterkunft gefunden hatte.

„Sin curriculum vitae no puedo conseguir trabajo", sagte der Mann und strich sich müde über das graue Gesicht. Er sah alt aus, obwohl er ganz jung war.

„Das klingt schön", sagte die Frau. „Aber was heißt das?"

„Nix Lebenslauf, nix Arbeit."

„Da hört man mal wieder, wie ärmlich unsere Sprache gegen eure ist." Aber schlimmer war ja, dass der Mann keinen Lebenslauf hatte. Keine Eltern? Keine Kinder? Geburtsort und Tag? Schule, Ausbildung, Erfolge, Verwandte und Bekannte? Nein?

Der graue Mann schüttelte den Kopf und sah auf seine grauen Hände. Der Fluss hatte sein Leben davongespült.

Die Frau nahm ihn mit in ihre Küche. Da saßen schon ihr Mann und ihr Kind und die hatten nun ein Problem in ihrer Mitte. Denn einem Mann ohne Vergangenheit ist die Zukunft verwehrt.

Während sie schwarzen Kaffee tranken rief das Kind plötzlich: „Wenn er keinen Lebenslauf hat, dann schreiben wir ihm eben einen!"

Dieser Vorschlag traf auf allgemeine Begeisterung. Die Familie holte sich Papier und Stift und schrieb einen Lebenslauf für ihren Gast.

„Ich heiße Geronimo Sanchez", schrieb der Vater. „Am 11. Januar bin ich in der Nähe von Ciapas geboren. Meine Eltern waren Farmer, aber sie verloren ihr Land an die Großgrundbesitzer. Als Ältester von sieben Kindern musste ich sehr früh mein Geld verdienen, um der Familie zu helfen. Schon mit sechs

Jahren wurde ich Landarbeiter. Aber ich kann auch lesen. Nach der großen Dürre fand ich keine Arbeit mehr und musste mein Land verlassen. Meine Familie ist auf meine Unterstützung angewiesen. Ich bin ein verlässlicher und fleißiger Landarbeiter und verstehe viel von Obstplantagen. Ich kann auch einen Traktor fahren oder als Pflücker arbeiten."

„Ich heiße Geronimo Sanchez", schrieb die Mutter. „Und bin am 3. Juli in Tampico geboren. Meinen Vater habe ich nicht gekannt, denn er hat meine Mutter gleich nach meiner Geburt verlassen. Meine Mutter hatte noch viele Männer und viele Kinder. Wir wohnten alle in einem Raum. Ich habe meiner Mutter immer bei der Arbeit geholfen, denn sie war eine gute Frau. Ich bin ein mittleres Kind und sie hat mich zur Schule geschickt. Ich kann lesen, schreiben und rechnen. Sie hat mich auch in die Lehre geschickt. Ich bin Mechaniker. Ich habe eine Frau und drei Kinder in Miacatlan, Morelos. Ich finde dort keine Arbeit. Darum bin ich hier, um das Geld für meine Familie zu verdienen."

Auch das Kind schrieb einen Lebenslauf und der Mann fühlte sich nun besser. Am nächsten Tag ging er wieder zum Arbeitgeber und überreichte ihm die drei Lebensläufe. Der staunte nicht schlecht und las sie sorgfältig, einen nach dem anderen. Schließlich sagte er:
    „Ich nehme diesen hier, der ist der Beste."

„Die Leute nennen mich Geronimo Sanchez. Und warum sollte ich auch nicht so heißen? Ich bin am 24. Dezember in der Silberstadt Tuxco geboren. Jedenfalls haben die „Barmherzigen Schwestern" mich an diesem Tag gefunden. Ich trug einen kostbaren Silberring an einem Kettchen um den Hals, was besagt, dass mein Vater ein reicher Silberminenbesitzer gewesen sein muss. In dem Ring ist der Name Rosalba eingraviert. Also habe ich eine Erinnerung an meine vornehme Mutter, die sicher bei meiner Geburt gestorben ist, die arme.

Meinen reichen Vater habe ich nie ausfindig machen können. Man weiß ja, wie geizig solche Reichen sein können. Wären sie sonst so reich?

Bei den „Barmherzigen Schwestern" hatte ich es sehr gut, denn sie liebten mich von Herzen. Ich habe nie gehungert und viel von ihnen gelernt. So kann ich zum Beispiel alles reparieren, was in Haus und Hof kaputt geht. Keine noch so knifflige Arbeit ist mir zu mühsam. Ich kann sehr viele Lieder singen und die Gitarre spielen. Allerdings habe ich keine mehr.

Vor Jahren dachte ich, dass es nun an der Zeit sei, mich selbst durchs Leben zu schlagen, damit die „Barmherzigen Schwestern" wieder ein Findelkind aufnehmen können. Allerdings habe ich nicht mit dem rauen Wind gerechnet, der mir da um die Nase wehte. In meiner Heimat gibt es nicht viele Sachen, die es für Geld zu reparieren lohnt. Der Hunger trieb mich über die Grenze. Darum will ich es jetzt in der neuen Welt versuchen. Bitte, geben Sie mir eine Chance."

Er bekam seine Chance und reparierte Nähmaschinen, Toaster, Waschmaschinen, Herde, Waschbecken, Gartenzäune, Fensterverschlüsse und sogar Pendeluhren. Die Arbeit ging ihm nie aus. Bald konnte er sich den Schuppen zum Zimmer ausbauen und sich eine Gitarre kaufen. Abends sang er Lieder aus seiner Heimat und das Kind malte ihm bunte Bilder. Die hängte er sich ins Zimmer. Einmal malte es ein Portrait von ihm, im rotgeblümten Hemd und schwarzer Hose. Das musste er lange ansehen. Vor Weihnachten reparierte er die Nähmaschine seiner Wirtin. Und an seinem Geburtstag, der ja laut Lebenslauf am 24. Dezember war, schenkte sie ihm dafür ein rotgeblümtes Hemd. Das Kind hatte den Stoff ausgesucht. Der graue Mann zog das Hemd an und betrachtete sich im Spiegel. Er sah, dass sein Leben langsam wieder Farbe bekam. Zum ersten Mal, seit er in Todesangst durch den Rio Grande del Norte geschwommen war, lächelte er wieder. Denn ein Mensch, der in der neuen Welt ankommen will, braucht Freunde.

Rasnikutz schwört, dass er geboren ist

Als Herr Scholz im Wald joggte, fand er eines Morgens unter einem Baum zusammengekauert den Räuber Rasnikutz. Er war halb verhungert und halb erfroren, denn das Frühjahr hatte gerade erst angefangen. Herr Scholz, der ein Menschenfreund war, nahm Rasnikutz mit nach Hause und ließ ihn in seinem Gartenhäuschen wohnen. Natürlich nannte er ihn nicht Räuber, sondern Nichtsesshafter. Leider musste Herr Scholz am nächsten Tag für längere Zeit verreisen. Er gab Rasnikutz Geld für seinen Lebensunterhalt und einen Zettel auf dem stand, dass er berechtigt war im Gartenhäuschen zu wohnen. „Und schneide auch mal meinen Rasen", sagte er noch und fuhr dann zum Flughafen.

Rasnikutz machte es sich im Gartenhäuschen gemütlich. Er sägte und hackte das Holz vom alten Apfelbaum klein. Das brannte gut und lange im Holzofen. Dann grub er einen Teil des Rasens um. Zu viel Wiese war ja Verschwendung. Schließlich brauchte man auch ein paar Rübchen und Zwiebelchen, ein paar Kohlköpfe und Gurken. Denn Gurke muss sein. Er brachte sich vom Markt auch Speck und Kaffee mit. Und ein ganz kleines Schwein und eine ganz kleine Ziege. Und nur drei oder vier Hühnerchen. Man muss ja an die Zukunft denken. Und Alleinsein ist auch nicht gesund.

Florian und Hanna merkten es zuerst. Wie die meisten in diesem vornehmen Villenviertel waren sie Einzelkinder. Und das kann ganz schön langweilig sein, besonders in den Ferien.

Florian holte Hanna immer zum Skaten ab. Als sie an diesem Tag am Garten von Herrn Scholz vorbeifuhren, hielt Hanna plötzlich an. „He Florian, hast du das auch gehört?"

„Was?" fragte Florian und stoppte.

„Na, das!" Jetzt war es ganz deutlich zu hören. Ein helles Meckern und dann ein ebenso helles Quieken. Aus dem Gartenhäuschen stieg Rauch auf. Die beiden ließen ihre Bretter stehen und gingen vorsichtig durch das Gartentor. Hinter der Hecke sahen sie ein Ferkelchen auf der Wiese herumrennen, gejagt von einer kleinen Ziege. Das war doch jetzt ein Witz, oder?

Neugierig geworden schlichen sie sich bis zum Gartenhäuschen, vorbei an Kohl- und Zwiebelbeeten. Und wer saß da an seinem kleinen Herd und rauchte sein Pfeifchen? Der Räuber Hotzenplotz. So jedenfalls hatten sie ihn sich immer vorgestellt. Wie gebannt standen sie an dem kleinen Fenster. Als der Räuber sie sah, grinste er freundlich und winkte ihnen reinzukommen. Zuerst wollten sie wegrennen, aber dann überwog die Neugier. Drinnen roch es nach gebratenem Speck und Kaffee.

„Nu, Kinderchen, wie jehts heite?" fragte Rasnikutz freundlich. „Mechtet ihr ham a bissel Speck. Und Kaffee vielleicht? Bittscheen nehmt Platz."

Die Kinder nickten stumm und setzten sich auf die Kisten, in denen es gackerte.

„Meine Hienerchen", entschuldigte sich Rasnikutz.

„Haben noch keinen Stall, keinen ordentlichen. Und mechten sonst auch vielleicht und jehn fremd, in andere Järten und so." Er goss Kaffee aus der Blechkanne in Blechbecher und gab sie ihnen.

„Kaffee muss dünn sein", sagte er. „Sonst is nich jesund, wejen das Herz. Und braucht auch sonst zu viel Pulver. Aber heiß musser sein. Nu verbrennt euch man nich".

Dann aßen sie alle Speck und Zwiebeln aus der Pfanne und wischten sie zum Schluss mit einem Stück Brot aus. Es war herrlich.

„Ich heiße Hanna", sagte das Mädchen schließlich. „Bist du ein Räuber?"

Rasnikutz betrachtete sie lächelnd und sagte: „Ja, bin ich echter und guter Räuber Rasnikutz."

„Und wie bist du denn hierher gekommen?" wollte jetzt Florian wissen.

„Nu, Herr Scholz, der hat mich gefunden. In Wald. Hat mich hergebracht, mir Häuschen und Jeld jegeben. Guter Mensch, aber verreist."

127

„Und wo warst du vorher?"

„Im Wald. Räuber ist immer im Wald. Geboren im Wald von Wirschkowitz. Weit weg." Und er zeigte mit einer großen Gebärde in irgendeine Richtung.

„Jetzt müssen Schweinchen und Ziegchen Flasche kriegen. Wollt ihr sie fangen?"

Mit einigen Schwierigkeiten und großem Spaß fingen Florian und Hanna die Kleinen ein. Nachdem sie ihre Flasche gekriegt hatten, bekamen sie auch ihren Platz im Räuberhaus. Und Hanna und Florian gingen nach Hause.

„Iiih, wie riechst du denn?" rief Hannas Mutter. „Musst du dich immer so schmutzig machen? Geh dich mal gleich duschen."

Auch Florians Mutter hielt sich die Nase zu. „Wo warst du denn?"

„Beim Räuber Rasnikutz", sagte Florian. Aber weil er letzte Woche schon mit einer Raumsonde auf den Mars geflogen war und davor mit einer Taucherglocke Haie beobachtet haben wollte, fragte sie nicht weiter nach.

Am nächsten Tag kamen nicht nur Hanna und Florian, sondern sie brachten auch noch Grete und Daniel mit. Die hatten nämlich einfach nicht glauben wollen, dass es bei ihnen um die Ecke einen echten Räuber gab.

„Bissele eng wirds", sagte Rasnikutz. Aber die Kinder halfen ihm voller Begeisterung das Holz stapeln, den Garten gießen und die Tiere füttern. Wenn sie dann den dünnen schwarzen, aber heißen Kaffee tranken, erzählte er ihnen Räubergeschichten, die waren noch schöner als die von Robin Hood.

Das wäre nun alles so schön gewesen, wenn nicht eines Tages die Nachbarin von Herrn Scholz auf die Idee gekommen wäre, ihre Hecke selbst zu schneiden. Als sie da nun auf der kleinen Trittleiter stand und nach einigem Schneiden in den Nachbargarten sehen konnte, wäre sie beinahe von der Leiter gefallen, so sehr erschrak sie. Ein Räuber, wie er im Märchenbuch steht, mit einem kleinen Ferkel unterm Arm und einer Pfeife im Mund war gerade dabei, Zwiebeln und Kohlköpfe zu gießen, die da wuchsen, wo vorher Herrn Scholzens gepflegter Rasen gewesen war. Sie rannte ins Haus und rief die Polizei an.

„Ein Räuber, ein Räuber", rief sie atemlos. „Er ist in Herrn Scholzens Garten."

„Von wo rufen sie an?" fragte der Polizist.

Die Nachbarin nannte die Adresse.

„Woher wissen Sie denn, dass es ein Räuber ist? Was macht er denn?"

„Er hat ein Ferkel unterm Arm und gießt die Kohlköpfe."

„Wie bitte?"

„In unserem Villenviertel! Stellen Sie sich das mal vor! Bitte kommen Sie sofort!"

Der Polizist überlegte, ob er gleich einen Krankenwagen kommen lassen sollte, denn die Frau schien nicht ganz bei Trost zu sein. Dann entschloss er sich aber doch zuerst einmal mit seinem Kollegen zu der angegebenen Adresse zu fahren.

Die beiden staunten nicht schlecht, als sie zu dem Gartenhäuschen kamen und durchs Fenster sahen. Drinnen saß wirklich ein Bilderbuchräuber, umringt von vier Kindern, einem Ferkel, einer kleinen Ziege und einigen Hühnern. Alle schienen einen Heidenspaß zu haben, denn ein Huhn versuchte gerade, der Ziege auf den Kopf zu fliegen. Schließlich klopften die Polizisten und öffneten die Tür. Den Kindern schwante nichts Gutes und auch Rasnikutz zog den Kopf ein.

„Guten Tag Herr äh …", begann ein Polizist.

„Rasnikutz", sagte Rasnikutz.

„Herr Rasnikutz, sind Sie berechtigt hier zu wohnen?"

Die Kinder hielten den Atem an. Rasnikutz kramte in seinen Jackentaschen und förderte einen schon etwas zerknitterten Zettel zu Tage, auf dem stand:

„Ich erlaube Herrn Rasnikutz während meiner Abwesenheit in meinem Gartenhaus zu wohnen.

Arturo Scholz."

„Ach, so", sagte der Polizist und gab Rasnikutz den Zettel zurück. „Und hat er Ihnen auch erlaubt die Tiere zu halten?"

„Ja", antwortete Rasnikutz. Das war zwar ein bisschen gelogen. Aber hatte Herr Scholz ihm nicht Geld für seinen Lebensunterhalt gegeben? Dazu gehörte doch auch, dass man für Speck und Milch vorsorgte.

„Ja, dann wünschen wir noch einen schönen Abend." Die Polizisten gingen wieder.

„Alles in Ordnung", sagten sie zur aufgebrachten Nachbarin. „Herr Scholz hat ihm erlaubt, in seinem Gartenhaus zu wohnen. Da ist nichts zu machen."

Aber so schnell gab die Nachbarin nicht auf. Sie erzählte es überall herum. Alle Villenbesitzer waren entsetzt. So etwas durfte einfach aus Prinzip nicht sein. Schließlich kamen sie auf die Idee, dass dieser Rasnikutz doch wahrscheinlich keine ordentlichen Papiere hatte. Vielleicht war er sogar ein illegaler Ausländer. Da war die Polizei doch wohl verpflichtet das nachzuprüfen. Also kamen die beiden Polizisten nach vierzehn Tagen noch einmal zu Rasnikutz. Der briet gerade drei Eier, die seine Hühner gelegt hatten.

„Tut uns leid", sagte der eine Polizist, „aber können wir mal Ihre Papiere sehen."

Rasnikutz kramte wieder den Zettel von Herrn Scholz hervor.

„Nein, nicht den. Ihren Meldeschein oder Ihren Ausweis, bitte."

Rasnikutz sah sie ratlos an. „Hab ich nicht."

„Jaaa, dann müssen Sie mal aufs Einwohnermeldeamt gehen und sich einen besorgen."

Sie beschrieben Rasnikutz den Weg zum Einwohnermeldeamt, wünschten ihm alles Gute für seinen Garten und gingen wieder.

Rasnikutz ging zum Einwohnermeldeamt und in die Amtsstube von Frau Stottensief.

„Ich möchte bitte meinen Ausweis abholen", sagte er.

„Wie ist denn Ihr Name?"

„Rasnikutz."

„Und weiter?"

„Nichts weiter."

Frau Stottensief sah in ihrem Computer nach. „Hier ist kein Ausweis für Sie."

„Dann machen Sie mir doch bitte einen."

„Dazu brauche ich Ihre Geburtsurkunde."

„Ich hab keine."

„Wann und wo sind Sie denn geboren?"

„Weiß ich nicht."

„Ja, guter Mann, dann schreiben Sie mal an die zentrale Sammelsstelle in Berlin." Frau Stottensief wurde allmählich ungeduldig.

„Ich kann nicht schreiben", sagte Rasnikutz schüchtern.

Frau Stottensief griff zum Telefon und rief in Berlin an. Ein Rasnikutz war nicht bekannt, auch nicht in anderen ausgefallenen Schreibweisen.

„Da kann ich Ihnen leider auch nicht helfen. Ohne Geburtsschein kein Ausweis, ohne Ausweis kein Meldeschein."

Traurig ging Rasnikutz aus dem Büro. Ein strenger Räubergeruch blieb zurück. Frau Stottensief machte das Fenster auf. Sie sah Rasnikutz umringt von Kindern seines Weges ziehn.

Am nächsten Morgen sah sie die Kinder wieder. Dazu eine ganze Schulklasse, mehr als 35 also. Sie füllten den ganzen Flur aus.

„Hier ist ja kein Durchkommen! Was wollt ihr denn alle hier?"

„Einen Ausweis für Rasnikutz."

„Dazu braucht er einen Geburtsschein, hab ich ihm doch gesagt."

„Dann wollen wir den eben."

„Ja, den kann ich euch doch auch nicht geben."

„Dann bleiben wir hier, bis Sie es können."

„Aber Kinder," schrie Frau Stottensief jetzt. „Dies ist kein Spielplatz, sondern ein Einwohnermeldeamt!"

„Wir sind auch Einwohner", sagte Florian, der seine ganze Klasse mobilisiert hatte. „Und wir bleiben jetzt hier so lange sitzen, bis unser Freund Rasnikutz seine Papiere bekommt."

Frau Stottensief kämpfte sich zu ihrem Büro vor und rief die Polizei an.

„Was denken Sie denn, wer wir sind?" fragte der Polizist entrüstet. „Wir sind doch keine Kindergärtner!" Er lehnte es rundweg ab aufs Einwohnermeldeamt zu kommen, nur weil da ein paar Kinder offenbar ihre Ferien verbringen wollten. Frau Stottensief war verzweifelt.

Nach einer Weile zogen die Kinder ab. Aber am nächsten Tag waren sie wieder da. Und am übernächsten auch. Und als dann auch noch die Zeitung darüber berichtete, musste sie den Bürgermeister verständigen. Der hatte eine Idee. Er lies den Kindern sagen, Rasnikutz könne einen Geburtsschein haben, wenn er eine eidesstattliche Erklärung abgeben würde, beim Notar. Die Kinder waren begeistert. Sie rannten los, um es ihm zu sagen. Aber Florian meinte, er und Hanna wollten es ihm lieber alleine sagen.

Rasnikutz saß traurig vor seinem Häuschen. In Gedanken sah er sich schon wieder auf Wanderschaft in den Wäldern und Städten, wenn man ihn nicht überhaupt gar ins Gefängnis steckte.

„Hallo, Räuber", rief Florian fröhlich.

„Räuber Rasnikutz nix gibts. Kein Taufschein, kein Geburtsschein, kein Ausweis und kein Meldeschein. Nix Schein, nix Mensch. Rasnikutz, Phantasnikutz. Bin ich gar nix."

„Nu lass mal gut sein, Rasnikutz. Du kannst einen Geburtsschein kriegen, wenn du eine eidesstattliche Erklärung abgibst, hat der Bürgermeister gesagt."

Rasnikutz dachte nach, was das zu bedeuten habe. „Ich soll also schwören, dass ich geboren bin?"

„So ähnlich", sagte Florian. „Und wir alle sind deine Zeugen."

„Bin doch schon lange geboren, muss bald sterben. Wozu dann noch zeugen?"

Hanna hatte sich auf den alten Mantel von Rasnikutz gesetzt, der da in der Sonne lag. Auf einmal fühlte sie etwas Hartes. Sie sah in der Tasche nach. Die hatte ein Loch. Etwas war ins Futter gerutscht. Sie holte es raus. Es war ein silbernes Döschen.

„Ach, da ist sie wieder, Schnupftabakdose, die scheene. Ist von Großvater." Er nahm sie und lies den Deckel aufspringen.

„Was steht denn da?" fragte Hanna.

„Kann doch nicht lesen", sagte Rasnikutz und wollte sie schon wieder wegstecken. Aber Florian hielt ihn zurück und las: „Zum 40jährigen Jubiläum des Waldhüters Joseph Rasnikutz, Wirschkowitz 1912."

„Na, das ist ja beinahe schon eine Ahnentafel", sagte Hanna.

Mit großem Geleit ging Rasnikutz zum Notar und schwor, dass er geboren war, im Wald von Wirschkowitz, wie auch sein Vater und Großvater, hier bitte! Und er zeigte die Schnupftabakdose. Wann das war, und wie er von da hierhergekommen war, wird immer ein Rätsel bleiben, denn er erlangte sein Gedächtnis nicht wieder. Aber einen Geburtsschein, einen Ausweis und einen Meldeschein bekam er. Der Ort wurde durch diese Geschichte richtig berühmt und darum änderten auch die Bewohner des Villenviertels ihre Meinung.

Als alles vorbei war, saß Rasnikutz mit seinen Kindern auf der Wiese. Sie aßen Speck mit Zwiebeln und tranken dünnen schwarzen, sehr heißen Kaffee aus einer großen Blechkanne.

„Hoch die Tassen!" rief Rasnikutz. „Auf ewige Freundschaft!"

„Auf ewige Freundschaften!" riefen die Kinder.

Märchenhaftes

Der unsichtbare Freund

Eugen war nicht ganz richtig im Kopf. Als Kind hatte er eine Hirnhautentzündung gehabt und darum war er ein Kind geblieben, sagten die Verwandten. Er wohnte bei seinem Bruder und seiner Schwägerin auf dem Bauernhof und versorgte den Garten. Das war der schönste Garten weit und breit. Kein Unkraut, kein Ungeziefer, die schönsten Blumen, die größten Kohlköpfe und Kürbisse.

„Wie machen Sie das nur?" fragten die Nachbarn.

„Ich mache das nicht", sagte die Bäuerin. „Das macht Eugen."

„Der muss wohl einen grünen Daumen haben, wie man so sagt."

Die Bäuerin lachte. „Nein, er hat einen grünen Freund. Aber der ist unsichtbar."

Na ja, man wusste ja von der Hirnhautentzündung. „Da kann der Eugen froh sein, dass er bei Ihnen wohnen darf und nicht in ein Heim muss."

„Ich kann froh sein, dass der Eugen bei uns wohnt. Wer sollte mir sonst meinen Garten machen?" erwiderte die Bäuerin.

Vom frühesten Frühjahr bis in den Spätherbst war Eugen guter Dinge und werkelte von morgens bis abends. Kein Wunder, dass er aß wie ein Scheunendrescher. Wenn am Tisch etwas übrig blieb, sagte er: „Den Pfannkuchen nehme ich für meinen Freund mit." Oder: „Wenn den Kartoffelsalat niemand mehr will, mein Freund würde sich darüber freuen."

Einmal kam die Bäuerin in die Küche und hörte Eugen sagen: „Nu ist es aber genug, Grünmantel! Die andern wollen ja auch noch was haben." Es fehlten schon drei Stücke vom Apfelkuchen. Die Bäuerin gewöhnte sich daran, seinen unsichtbaren Freund mit zu füttern.

Weniger verständnisvoll war Eugens Bruder. „Wer hat denn die Sisalschnur aus der Bindemaschine genommen?" fragte er.

„Das war mein Freund", sagte Eugen.

„Dann sag ihm mal, er soll das lassen."

Aber es half nichts. Grünmantel machte es immer wieder, denn er brauchte die Schnur, um die Tomaten festzubinden. Auch Werkzeug ließ er verschwinden. Manches gab er auf Drängen des Bauern zurück. Aber kleine Dinge, wie Schraubenschlüssel oder Drahtrollen, verschwanden manchmal ganz.

„Die müssen ins Reich der Unterirdischen gefallen sein", vermutete Eugen und dasselbe behauptete er auch von seinen Socken und Taschentüchern. Was die Unterirdischen wohl damit anfingen und warum sie wohl so scharf auf einzelne Socken waren?

Diese Fragen beschäftigten natürlich die Kinder des Bauern besonders.

„Wie sieht er denn aus, dein Grünmantel?" fragten sie Eugen. „Können wir ihn auch mal sehen?"

„Ich glaube nicht", sagte Eugen zögernd. „Grünmäntel sind sehr ängstlich."

„Gibt es denn mehr davon?" fragte die kleine Susanne interessiert. „Dann könnte ich doch vielleicht auch einen haben?"

„Mein Grünmantel hat mir erzählt, dass früher, als sein Großvater noch ein kleiner Junge war, die Welt hier voller Grünmäntel gewesen ist. Grünmäntel sind aber nicht nur klein und können sich unsichtbar machen. Sie werden auch sehr, sehr alt. Ihr könnt euch denken, wie lange das her sein muss, dass dieser Großvater ein kleiner Junge war."

Das klang so, als wüsste der Eugen noch viel mehr davon.

„Was hat er dir denn noch erzählt?" fragte darum Willi. Er war eigentlich schon aus dem Zwergenalter heraus. Aber spannende Geschichten mochte er immer gerne hören, auch wenn er den Eugen manchmal wegen seines verfressenen Freundes neckte.

„Er erzählt mir immerzu etwas", sagte Eugen etwas abweisend. Und das war's erstmal.

Wenn der Winter kam, die Dahlienknollen im Keller und die Rosen abgedeckt waren, wenn es gar nichts mehr im Garten zu tun gab, weil der Schnee alles unter seiner weißen Wolldecke versteckte, dann wurde der Eugen immer sehr traurig. Stundenlang stand er am Fenster und wartete auf den Frühling. Die Bäuerin gab ihm Märchenbücher zu lesen und der Bauer nahm ihn mit zum Zäune ausbessern und Holz hacken. Aber das konnte die tiefe Traurigkeit und Sehnsucht nach seinem Garten nicht von Eugen nehmen. Auch schien Grünmantel irgendwie mit den Blumen verschwunden zu sein, denn er verlangte keine Extraportionen mehr.

„Wenn ich deinen Grünmantel schon nicht sehen kann, dann könntest du mir doch mal einen schnitzen, damit ich weiß, wie er aussieht", sagte die kleine Susanne eines Tages und das war eine sehr gute Idee. Der Bauer brachte drei Schnitzmesser vom Werkzeugmarkt mit. Darum hatte ihn die Bäuerin gebeten, denn sie machte sich Sorgen wegen Eugens Traurigkeit. Mit Susanne zusammen suchte Eugen nach einem passenden Stück Holz. Nun saß er jeden Tag in der Küche am Fenster und schnitzte. Bald war ein Männchen zu erkennen, so breit wie lang, mit einem Mäntelchen an und Arbeitsstiefeln, mit großem Kopf und Knubbelnase und einem Grinsen über das ganze Gesicht.

„Toll", sagte Susanne. „Und nun erzähl mal!"

„Früher hatten die Menschen noch Achtung vor den Grünmänteln oder Erdlingen oder Fremdlingen, wie sie auch genannt wurden. Genauso wie vor ihrem Land, der Erde, die sie ernährte. Überall an Wegkreuzungen und vor den Häusern der Menschen lagen große flache Steine. Darauf legten die Menschen regelmäßig kleine Gaben für die Unsichtbaren: Obst, Weizenkörner, Blumen, Stückchen von Gemüse und Brot. Wenn sie ernteten, gaben sie den Grünmänteln die erste Frucht, wenn sie tranken vergaßen sie nie, einige Tropfen auf die Erde oder ins Feuer zu spritzen, für die kleinen Wesen, denen sie so viel verdankten."

„Was verdankten sie ihnen denn?" fragte Willi, der jetzt auch dazu gekommen war.

„Na, sie halfen ihnen im Garten und auf den Feldern", sagte Eugen mit Überzeugung.

„Sie hüteten ihr Vieh und ihre Kinder, damit sie nicht in den Fluss stürzten oder sich verirrten. Sie brachten die Blumen der Bäuerinnen zum Blühen und zeigten den Bienen den Weg zum Honigsammeln. Sie klaubten die Schnecken vom Salat und die Raupen vom Kohl. Sie verjagten die Spatzen von den Erbsen und die Stare von den Kirschbäumen. Sie achteten darauf, dass das Brot im Ofen nicht verbrannte und nachts kein Funken aus der Glut sprang. Damals wussten das die Menschen noch. Die Erdlinge waren ein Teil ihres Lebens."

„Da weiß ich ja jetzt, warum unser Garten der schönste von allen ist!" sagte Willi.

„Ja, weil wir noch einen Grünmantel haben", fügte Susanne hinzu.

„Aber irgendwie und irgendwann fingen die Menschen an sie zu vergessen", sagte Eugen traurig. „Vielleicht gingen sie zu viel in die Kirche oder zu wenig. Vielleicht jagten sie zu viel dem Geld nach oder hatten zu wenig. Jedenfalls waren sie nun dauernd in Eile, hetzten von einer Tätigkeit zur nächsten und alles was sie taten musste „sich lohnen". Ein nie gekanntes Wort kam auf: „Zeit ist Geld!"

Da hatten sie keine Zeit mehr für die kleinen Grünmäntel."

Eugen glättete den kleinen Mann mit Sandpapier. Dann malte er das Mäntelchen grün und die Hose braun an. Aber nur ganz zart, so, dass das braune Holz noch durchschimmerte.

„Wenn die Kinder den Erdlingen noch Milch und Saft auf die Erde spritzten", erzählte er weiter, „dann riefen die großen Menschen: ‚Ihr sollt nichts verplempern'. Und ließen die Kinder Brot und Äpfel auf den Steinen liegen, sagten sie: ‚Bei uns wird kein Essen verschwendet. Holt es sofort wieder!' Die flachen Steine wurden weggeräumt, denn die behinderten den schnellen Verkehr.

Lange konnten die Grünmäntel nicht glauben, dass die Menschen ihnen die Freundschaft aufgekündigt hatten. Aber schließlich blieb ihnen nichts anderes übrig und sie zogen sich in den tiefen Wald zurück. Die Felder der Menschen verunkrauteten und verdorrten. Und da half auch nicht das viele Gift, das sie darauf sprühten und schütteten. Das Vieh wurde von Wahnsinn befallen und starb dahin und die Kinder bekamen nie gekannte Krankheiten. Vor lauter Elend fingen die Männer an, sich sinnlos zu betrinken und die Frauen konnten ohne Tabletten nicht mehr schlafen, denn der Hüter der Träume war mit den Grünmänteln in den Wald gezogen."

„Das ist ja alles so furchtbar traurig", sagte Susanne. „Und das hat dir alles dein Freund erzählt?"

„Ja", sagte Eugen und stellte den fertigen Grünmantel aufs Fensterbrett. Willi fand, dass er wie lebendig aussah. „Es ist ja nur gut, dass ein Grünmantel zurückgekommen ist und mit Eugen zusammen schafft. Das könnte doch ein neuer Anfang sein."

„Ja", sagte Susanne eifrig. „Wir müssen es nur allen erzählen, dass sie wieder nett zu den Unsichtbaren sein müssen. Am Besten, du schnitzt gleich noch mehr Grünmäntel, Eugen. Damit sich die Leute ein Bild von den Erdlingen machen können, wenn sie sich selbst schon nicht sehen lassen."

„Wer wird uns denn glauben?" fragte Eugen. Er hatte mit anderen Menschen keine guten Erfahrungen gemacht.

„Na, wir. Wir glauben dir doch. Und die geschnitzten Grünmäntel werden es beweisen."

„Ein viel besserer Beweis ist Eugens Garten!" rief Willi. „Da hat nämlich sonst keiner eine Erklärung dafür."

Eugen schnitzte weiter Männchen um Männchen. Bald waren alle Fensterbänke voll davon. Und die Menschen in der Umgebung gewöhnten sich an einen Bauernhof, auf dem es sichtbare und unsichtbare Bewohner gab.

Patience, das Spiel mit Geduld

Es war einmal ein Prinz, der zwar durch seine hohe Geburt begünstigt, sonst aber stets vom Pech verfolgt war. Die Erwartungen seines Vaters konnte er in keiner Weise erfüllen. Setzte man ihn auf ein Pferd, so fiel er herunter. Gab man ihm einen Säbel in die Hand, so verletzte er damit den herumstehenden Oberhofmeister. Und wenn er im Thronsaal repräsentieren sollte, so fiel ihm die Krone vom Kopf und rollte vor die Füße der großfürstlichen Tante. Die rollte dann die Augen gen Himmel wie ein sterbendes Huhn. Und der Vater schämte sich.

Lesen und rechnen konnte der Prinz nur sehr mangelhaft. Das Lernen machte ihm keinen Spaß. Morgens war ihm schwindlig und er konnte nicht durchatmen. So blieb er bis elf Uhr im Bett, trank indischen Tee und aß Haferflockenmakronen. Allmählich wurde allen klar, dass er wohl niemals König werden könne und das Königreich daher an eine unbedeutende Seitenlinie fallen würde.

Nachmittags saß der Prinz oft stundenlang auf der Veranda und legte Patiencen. Aber er kannte nur drei. Eines Tages war ihm auch das zu langweilig und er kippte das schön geschnitzte Kartentischchen um, sodass die Spielkarten in die Luft flogen.

„Hoppla!" rief da eine fröhliche Stimme und ein sommersprossiges Bubengesicht erschien über der Brüstung.

„Hier kam der Pik-Bube geflogen. Dir scheint's ja heute nicht so gut zu gehen."

Der Prinz war verblüfft. So redete sonst niemand mit ihm.

„Kennst du eine neue Patience?" fragte er schließlich unvermittelt.

„Klar", sagte der Sommersprossige. „Da muss ich mir nur erst die Hände waschen, eh' ich die feinen Karten anfasse."

Er verschwand und man hörte es in der Regentonne plätschern. Dann sprang er über die Brüstung, stellte das Tischchen wieder auf und sammelte die Karten ein.

„Die Patience heißt ‚Drei Generationen‘ und ich habe sie mal von meiner Oma gelernt."

Der Prinz war gespannt. Die Langeweile war verschwunden. Er schaute aufmerksam zu, wie der komische Junge die Karten mischte und legte.

„Wer bist du eigentlich?" fragte er zwischendurch.

„Dem Gärtner sein Junge. Und du?"

„Dem König sein Junge", sagte der Prinz.

„Die Patience geht nicht immer auf", sagte der Gärtnerjunge.

„Das ist blöd." Der Prinz machte wieder ein trauriges Gesicht.

„Gar nicht", sagte der kleine Gärtner. „Man spielt sie eben drei- oder viermal. Und beim fünften Mal geht sie dann auf. Da ist man stolz. Weißt du, das ist so, wie wenn dir, sagen wir mal deine Krone beim Spielen vom Kopf fiele und alle lachen. Dann holst du sie doch einfach, setzt sie wieder auf und spielst weiter, oder?"

Dazu sagte der Prinz nichts. Aber er lernte „Drei Generationen" spielen. Und den ganzen Tag war er guter Laune.

Am nächsten Tag stand er schon um sieben auf und ging in den Garten. Ganz hinten fand er den Gärtnerjungen. Der zupfte Radieschen aus.

„Spielst du jetzt wieder mit mir?" fragte er ihn.

„Wenn ich hier fertig bin," sagte der Junge. „Dann können wir auch mal was anderes spielen. Doppelkopf zum Beispiel."

Das gefiel dem Prinzen. Und es machte ihm auch nichts aus, wenn er mal verlor. Er wurde ein anderer Mensch, der Prinz. Das merkten allmählich auch die anderen. Er lernte geduldig fechten und reiten, tanzen und repräsentieren, lesen und rechnen. Von seiner Freundschaft mit dem Gärtnerjungen und seinen Spielen, weit hinten im Garten, wusste allerdings niemand etwas. Man konnte es sich einfach nicht erklären, warum der Prinz nicht mehr kränkelte, sondern unverdrossen und geduldig seinen Zielen nachging.

„Ich möchte dich zu meinem ersten Minister machen", sagte er zu seinem Freund, als er schließlich König wurde.

„Oh, nein", rief der. „Weißt du, die Knollenbegonien vertragen das grelle Sonnenlicht nicht. Da gehen sie ein. Ich bin so eine Knolle."

„Aber, du bist mein bester Freund", sagte der König. „Und ich will dich immer bei mir haben."

„Dann mach mich zum Oberhofgärtner auf Lebenszeit. Wenn es immer genügend Geld gäbe, um seltene Pflanzen zu kaufen, wäre das schön."

So lebten die beiden Freunde miteinander und doch ging jeder seiner Arbeit nach. Aber immer, wenn der König einen Rat brauchte, fragte er nicht seine Minister, sondern ging ganz hinten in seinen Garten. Dort stand ein kleiner Schuppen und davor eine Bank. Da saßen dann die beiden ungleichen Freunde und der König fragte zum Beispiel, ob er denn nun die korrupten Beamten ins Gefängnis werfen sollte oder lieber des Landes verweisen.

„Das ist doch wie mit den Clementienenbäumen, die so anfällig für Schädlinge sind", sagte der Gärtner. „Hackt man sie aber ab, so hat man gar keine mehr. Man muss einen Kreis von Studentenblumen um sie pflanzen. Du weißt doch, die kleinen, gelben, die so stark riechen. Die mögen die Schädlinge nicht. Und so bleiben sie auch den Clementienenbäumen fern. Verstehst du?"

Ja, das verstand der König und umgab seine schmiergeldanfälligen Höflinge mit guten und ehrlichen Dienern des Staates.

Und schließlich wurden die beiden Freunde alt. Oft saßen sie nun stumm in der Sonne auf der kleinen Gartenbank und dachten über ihr langes Leben nach, das sie nebeneinander und auch miteinander verbracht hatten.

Wenn jemand den König fragte, was denn damals sein Leben so verändert habe und was das Wichtigste gewesen sei, dann sagte er: „Die Freundschaft!"

Die letzte Reise

In ein wohlhabendes Dorf kam einmal ein Mann, den der Krieg arm gemacht hatte. Er hatte einen zweirädrigen Karren bei sich und einen elenden Gaul.

Von Schwelle zu Schwelle zog er, von Haus zu Haus, verkaufte wertlose Dingelchen oder bettelte. Als er so das ganze Dorf abgeklappert hatte, bat er bei einem Reichen um ein Nachtlager. Aber da war kein Platz. Die Ställe des Reichen waren übervoll mit Vieh. Der zweite Reiche, bei dem er klopfte sagte, der Gaul sähe so krank aus und würde womöglich seine Pferde anstecken. Der dritte Reiche war nicht zu Hause und der Verwalter sagte, er hätte keine Befugnis jemanden unterzubringen, den er nicht kenne. Der fünfte sagte: „Wir sind doch hier kein Gasthaus!" und der sechste sagte: „Geh doch dahin, wo deinesgleichen hingehört."

Schon wurde es finster und kalt und der Mann hatte noch keine Bleibe, stand auf der Straße und sah sich um. Langsam fing es an zu schneien.

Da kam ein Tagelöhner vom Feld nach Hause, sah den Mann da stehen und fragte: „Freundchen, was stehst du im schlechten Wetter so spät draußen und gehst nicht ein Unterkommen suchen?"

„Ich hab' ja gesucht", antwortete der Fremde. „Aber niemand will mich aufnehmen. Die Ställe sind, so scheints, alle voller Vieh."

„Dann komm halt mit zu mir. Ich hab nicht viel Vieh und nur eine kleine Stube. Aber wir werden uns behelfen."

So nahm der Arme den Armen mit zu sich, zog seinen eigenen Wagen halb aus dem Schuppen, damit der Karren des Fremden Platz hatte und nicht vollschneite. Den Gaul stellte er zu seinem Esel in den Stall und schüttete die Krippe voll Heu, damit die zwei Tiere zusammen schmausen konnten. Dann ging er mit dem Fremden in die warme Stube.

Seine Frau hatte gerade eine Kartoffelsuppe gekocht. „Die reicht auch für einen mehr", sagte sie ohne viele Umstände.

Schließlich schüttete der Tagelöhner Stroh vor den Ofen, dass der Gast ein warmes Lager bekam. So haben dann alle, Mann, Frau, Kinder, Katze, Hund und Reisender in der einen Stube eng aber warm und gemütlich geschlafen.

Vor dem Einschlafen hat der Fremde noch Geschichten erzählt, von seinen Reisen und von seiner fernen Heimat. Und überhaupt sei das Leben eine große Reise. Da haben die Kinder gestaunt.

Der Fremde blieb eine Weile, half hier und dort, schnitzte den Kindern Spielzeug und besserte das Dach aus. Allmählich wurde er allen ganz vertraut, ein guter Freund.

Aber dann zog er weiter.

„Ich danke euch, liebe Freunde. Ihr habt mir Mut gemacht und mir den Glauben an das Gute auf dieser Welt wiedergegeben. Bitte, kommt auch mal zu mir, damit ich euch eure Freundlichkeit vergelten kann. Ich habe einen schönen Garten."

„Machen wir, wenn wir mal Zeit haben", warf der Tagelöhner so hin, denn er dachte, der Gast wolle nur zum Schluss noch etwas Freundliches sagen. Der Fremde spannte seinen Gaul wieder an.

„Geh einfach der Spur meines Karrens nach", sagte er. „Sie ist breiter als jede andere Wagenspur, die Spur der Freundschaft sozusagen. Die wächst nie zu."

Da wunderte sich der Mann ein wenig.

Die Tagelöhnerfamilie war traurig, dachte noch lange an den Fremden, der zum Freund geworden war, an seine Geschichten und Schnitzereien. Aber ganz allmählich vergaßen sie ihn wieder.

Erst als der Mann alt wurde und nicht mehr als Tagelöhner arbeiten konnte, seine Kinder fortgezogen und seine Frau gestorben war, fiel's ihm wieder ein und er dachte: „Jetzt könnte ich doch den freundlichen Fremden mal besuchen gehen." Aber wo wohnte der? Der alte Mann ging hinter's Haus und sah in die Richtung, in der der Fremde damals verschwunden war. Und tatsächlich war die Wagenspur noch zu sehen. Sie hatte sich mit Wasser gefüllt und glänzte wie Silber.

Lange wanderte der alte Mann und überquerte viele Brücken. Die erste war ganz zierlich aus Holz geschnitzt und erinnerte ihn an seine erste Liebe, die er unter einer Brücke geküsst hatte. Die zweite Brücke war aus Eisen und spannte sich in hohem Bogen über den Fluss. Das erinnerte ihn an seine Jugend, als er noch viel gewagt und wenig gwonnen hatte. Dann kam er an eine silberne Brücke. Und wie er über die kostbaren Bohlen ging, dachte er an all das Gute, das ihm sein Leben auch geschenkt hatte.

Schließlich kam er zu einer Brücke, die glänzte wie eitel Gold. Lange wagte er nicht, sie zu betreten. Aber dann nahm er sich ein Herz und überschritt sie. Und als er drüben ankam, war er in einem wunderschönen Garten.

Dort sangen tausend Vögel, so schien es ihm. Die Bäume blühten und einige trugen köstliche Früchte. Es war angenehm warm und es duftete nach Obst, Blumen und Heu. Hinten im Garten sah er den Fremden und doch so Bekannten von einst. Der flickte Weidenkörbe für die Apfelernte und lächelte ihm zu. Die beiden begrüßten sich aufs Herzlichste, saßen beisammen, aßen Brot und tranken Wein, und diesmal erzählte der Tagelöhner von der langen Reise seines Lebens. Der andere hörte ihm aufmerksam zu. Sie verstanden sich so, als hätten sie sich nie getrennt, sondern seien immer zusammen gewandert. Der alte Mann ging nie wieder zurück, sondern blieb bei seinem Freund im Garten der Freundschaft.